序一

王晶律师让我给他这本书写个序，一直不敢动笔，我知道王晶是一个有理想、有行动力的知产青年。他很早就明确了成为知识产权律师的职业理想，为了实现这个目标，他考取了南京大学法律硕士学位，并且在求学期间通过了国家司法考试和专利代理人资格考试，可以说是获得了成为知识产权律师重要的敲门砖。毕业之后，王晶也是非常坚定地选择在专业从事知识产权服务的南京知识律师事务所进行执业。2017年10月，为了获得更广阔的视野，在一次偶然的上海的知识产权活动中，王晶律师了解了协力律师事务所，并且加入了协力。这几年，王晶律师和他的团队出色地处理了多起知识产权案件，得到客户的广泛好评。他还积极参与了协力知识产权专业委员会的各项活动与建设。在成为协力南京高级合伙人、参与律所事务管理的同时，王晶律师也刚刚被选任为专业委员会的副主任。

多年来，在全身心投入办案、精进专业知识与能力的同时，王晶律师还保持着定期写作的好习惯。在他个人的“王晶律师网”上，他长期更新办案收获、热点案例点评、法律法规解读及执业技能等相关的文章。这对于律师来说，格外有意义。学习、熟悉并精准理解执业领域内的最新法律、政策，对于律师而言是必需的，否则很有可能无法准确预判案件的方向；通过文字系统性地梳理案件办理过程中的关键问题，复盘代理的案件中双方的得与失，能够让律师最大限度地从一个案件中学习和掌握多种技能；而通过阅读裁判文书，学习、体会其他律师的办案思路、举证方法及抗辩理由，可以为律师办案提供很大的参考价值。

本书就是王晶律师长期思考与沉淀的结果，他将工作中积累的文章进行更新，并根据相关主题进行分类和梳理，最终得以成集付梓。本书根据内容分成两篇，一篇关于专业技能，一篇关于执业感悟。在专业技能上，王晶律师以专业作为分类标准，从专利、商标、版权和商业秘密四个维度分享了不同类型案件的办理思路和经验，并在该篇的最后总结了一些通用技能；在执业感悟上，王晶律师从律师会感到困惑的一些问题入手，分享了自己的思考与答案。

可以说，王晶律师的这本书，是以他自己作为样例，展现了一位知识产权专业律师的成长过程。相信他的这些经验和思考，也能够给准备或者是正在从事知识产权专业的律师们一些参考、借鉴和启发。

游闽键[①]

2021年11月

---

① 现为中华全国律师协会知识产权委员会副主任，国务院参事室公共政策研究中心研究员，上海市第十一届、第十二届、第十三届政协委员，上海市中青年知识分子联谊会监事长，上海市创意产业协会副会长，上海版权协会副会长、秘书长，上海市“两新”组织中青年知识分子联谊会副会长，浦东新区新的社会阶层联谊总会会长，浦东新区专业机构从业人员联谊会会长，华东政法大学兼职硕士生导师，上海师范大学兼职硕士生导师，世界知识产权组织调解员及仲裁员，上海国际仲裁中心仲裁员，上海知识产权研究所高级研究员以及“游闽键知识产权调解劳模创新工作室”负责人。

律师成长之路

王晶 | 著

知识产权律师进阶手册

中国法制出版社
CHINA LEGAL PUBLISHING HOUSE

序二

从知道王晶律师准备写一本关于知识产权律师执业方面的书开始，我就一直期待能尽快阅读到这本书，因为这是一位优秀的知识产权律师用自己的实践心得写成的书。王晶律师专注从事知识产权法律业务，而且是专业水平和业务能力都非常好的知识产权律师。从平时和王晶律师的接触和交流中发现，他关于律师如何从事知识产权法律服务，如何成为一个好的知识产权专业律师的很多认识和见解都非常有见地，非常切合实际，以此写成的知识产权律师如何更好执业的书，当然值得期待。

因为王晶律师希望我能为这本书写点什么，所以我有幸在该书出版之前就阅读了书稿。认真阅读之后，确实想说点什么，是以记之，权当我的一点读书心得。

我应当承认，这是一本很好的关于知识产权律师如何更好执业的书，它的好在于内容真实而没有多少浮华和虚夸，在于客观认真地回应了青年知识产权律师，尤其是希望从事知识产权领域的实习律师们普遍会关心的现实问题。因此，对于希望在知识产权领域执业并取得成功的律师、实习律师，这是一本难得的“真”书、好书。

人们常说，文如其人。这本书的内容和表现就恰如其分地体现了王晶作为一个律师的基本执业品格和风格。我们要充分了解这本书的“真”与好，就应当对它的作者有一个基本的了解和认识。

王晶律师和我曾经在一个律师事务所执业。作为同事，我们不仅有工作上的联系，更有业务上的合作。我们不仅共同办理案件，还多次共同进行国家部委相关知识产权课题的研究。在王晶律师转到其他律师事务所后，我们依然有着具体案件和研究课题的合作。因此，我对王晶律师的执业有比较直接的认识和了解。

作为一名律师，王晶是个非常注重业务研究和总结的人。他对于每一个案件、每一个业务问题都会努力探寻和认真研究，这就使得他对于相关专业问题的理解和认识常常更加清晰和深刻。同时，据我所知，王晶还是为数不多的对于每一个完成的案例都有认真复盘和总结的律师，这格外重要，这决定了他对于相关问题能形成更为真实且完整的认识。作为个人执业的选择，王晶律师还是那种选择了知识产权执业领域就长期坚持下去的人。这决定了他对于专业问题、专业领域的发展前景有着更加系统、更加实用的认识和体会。以上这些专业特点，让王晶律师分享给他人的经验和成果都更具价值和意义。这与偶尔涉足知识产权业务的人对这些问题的认识是不可同日而语的。作为一名律师，王晶又是特别喜欢分享的人，他对此甚至到了乐此不疲的程度。这是一种情怀，也是这种情怀决定了他呈现给人们的东西一定是货真价实的，是他的倾心奉献，而少有那种形式多于内容、宣传多于分享的东西。正是因为这些个人的执业品格和特点，让我们看到了一个真正的知识产权律师所写出的“真实的”知识产权律师执业指导书。

该书作为律师执业手册有三个定位：一是定位于知识产权律师，二是定位于知识产权律师的成长，三是定位于实务指引，其具有实践的属性，让你可以从中直接获取所需要的东西。

对于知识产权律师，尤其是对于希望在知识产权领域能够有所发展且发展得很好的律师，这本书的实用性、执业指导性是毋庸置疑的，是一本很贴近执业实践的好书。

知识产权律师、法律服务有其特殊的专业性。对于从事知识产权法律服务的律师而言，如何时刻注意和重视普遍存在于知识产权领域的特殊现象和问题，认真研究它们，最终对这些现象和问题说得清、道得明，不仅是对执业的基本要求，更是能够取得好的服务效果和结果的必要保证。王晶律师在这本书的“律师专业技能篇”，通过对专利、商标、版权、商业秘密等知识产权主要领域一些特有问题的研究和思考，为我们提供了很好的启发、示范和指引。他不仅告诉我们，在从事知识产权法律服务实践中该如何处理这些常见问题，使我们对这些知识和方法能够信手拈来，更告诉我们一个真正的知识产权律师应当如何积极地面对专业问题，如何分析思考专业问题，如何有效地提供解决专业问题的意见和方案。

对于向往知识产权法律服务领域的实习律师来说，这本书更有它特别珍贵的价值和意义。随着知识产权在经济和社会发展中的表现和地位越来越重要，很多实习律师开始关注知识产权法律服务领域，希望在这个领域开展执业并能有好的发展。对于他们来说，如何在这个领域起步，如何发展自己的业务，如何成为一位专业的知识产权律师，又如何面对和处理在这个过程中所遇到的工作、学习和心理问题等，都是很现实的问题。坦率地说，在这个选择和发展的过程中，很多人是走了弯路的，甚至有的人不得不选择离开这个领域。这是十分令人惋惜的。究其原因，并非他们的能力不足，更多的是准备不足，没有获得正确的指导，甚至在很多情况下更是受到了误导。对此，王晶律师在本书第五章、第六章和“律师执业感悟篇”，以一个成功的知识产权律师的执业历程和心路，从不同的方面甚至是工作细节处，进行了真诚和原汁原味的经验介绍和认识分享。王晶律师的这些经验和认识是用自己的行动与实践写成的，是用自己的成功结果凝练的。

在这里我还想说的是，王晶律师这本书虽然是写给知识产权律师们看的，但其中关于律师成长和发展的内容，对于我们的青年律师、实习律师，无论他们从事和准备从事什么领域的执业工作，都是极有价值、极有指导意义的。我甚至认为，这应该成为他们实习期间的必修内容。至少，我会将其作为我指导的实习律师的必修内容。

我们祝贺这本书的出版，祝贺一本好书的问世，也恭喜能够获得这本好书的读者们。我们感谢一位有情怀的知识产权律师给我们带来的倾心奉献，希望更多有理想的青年律师、实习律师朋友们在这本书的启发和指导下取得成功。

汪旭东[①]

2021年11月

---

① 国家知识产权专家库专家，“全国优秀律师”，“全国优秀中国特色社会主义事业建设者”。现任中华全国专利代理师协会副会长、江苏省专利代理人协会会长、江苏省发明协会知识产权保护专业委员会主任、江苏省商标协会商标品牌保护工作部主任、南京市人大常委会立法咨询专家组成员、南京市人大常委会政府规章备案审查专家组成员、南京市法学会知识产权研究会副理事长。

自序：这些年的知识产权律师之路

我有时候会想，十多年前我为什么要考法律硕士的研究生，为什么要放弃一份稳定的事业单位工作而选择一条前途未卜的路，为什么要从农学专业跨到法律专业。这时，总会有一个声音在内心深处回应我：我想做律师。

那时候，做律师未必要先考研，只要通过国家司法考试再找个律所就可以，但我仍然选择了先考研究生再做律师。我认为自身法律知识比较缺乏，即便侥幸通过司法考试，在以后的工作中也会面临各种知识储备不足的问题。

有人说，男人在三十岁之前知道自己喜欢哪个行业非常重要，俗语又说：男怕入错行。不管怎样，在我2010年顺利考取南京大学法律硕士研究生之前，我觉得我的人生有点迷茫。

我本科学的是植物保护专业，跟法律一点都不沾边。2009年回老家过年，一名老乡找到我，希望我帮他写一份起诉状，起因是他被人撞了，对方“要无赖”不愿意赔付。因为我是大学生，在他看来文化水平高，故找我帮忙。看着老实巴交大字不识一个的老乡，我心中涌动着一种朴素的正义，遂欣然答应。

那是我第一次窥探法律的大门。为了完成托付，我查找了很多法律文本，参考了很多文书格式，最终帮他拟定了一份起诉状，然后我回到了天津工作的地方。数月后他打电话给我，说在法官的主持下案件顺利调解了，他也拿到了满意的赔偿款。那一瞬间，我突然发现帮助别人是这么有成就感的事情，第一次感受到自己的存在对于社会的价值。

我是幸运的，因为26岁的我终于知道自己喜欢什么，想做什么，我的生活似乎重新燃起了希望，当我决定考法律硕士时，我真的拼尽了全力。

那个时候我在天津的工作是苗圃的植物保护技术员，这是一份在很多天津本地人看来很不错的工作，有事业编制，是别人眼中的“铁饭碗”，而且工作轻松，时间富余。所以我决定考研时，大多数人都不是很理解，他们不明白我为什么要折腾，为什么还要考研。

好在我是一个决定了便会去做的人，好在我也有大把的时间可以去看书学习。这么多年过后再回头看那段时光，其实所有的结局都已经命中注定了。

在南京大学学习的三年，是充实和满载收获的三年，在这期间，我顺利通过了司法考试和专利代理人职业资格考试。

2013年毕业后，我正式开始了律师职业生涯。执业初期，我想我是幸运的，第一，我遇到了好的指导老师；第二，我活了下来。

所谓师傅领进门，修行在个人。律师这一行，做得好与不好，很大程度上还是在于自己。但是有一个好的指导老师，你的眼界和层次会在执业初期就能提升到很高。毕竟站得高才能看得远。

律师入行，生存比发展更重要。如果连活都活不下来，谈何发展。律师职业发展阶段不同，需求也不一样。早期，我是求生存，后来，我是求发展，再后来，我想尝试突破。从一开始思考如何办案、如何营销，到思考如何规范化、流程化，再到如何带领律师团队、如何进行律所管理。这是一个循序渐进的过程。

刚开始执业的时候我就通过写文章的方式进行律师网络营销，这些文章大多数是我在日常办案过程中的一些思考，日积月累，到了2017年，我发表在王晶律师网上的文章竟然累积了一两百篇，也正是因为坚持写作，才有了今天这本书。

有人问我，当初为什么会选择做知识产权律师，我的回答是误打误撞。如果不是当年高考报考了植物保护专业，我就没有办法取得专利代理人资格；如果当初没有人向我请教法律问题，我就不会报考南京大学法律硕士；如果不是已经取得了专利代理人和律师资格，我就不会考虑进一家双证律所（该律所有专利代理资格）；如果不是进了一家双证律所，那么我也不可能有机会接触到大量的知识产权案件；如果不是前期纯提成的收入机制，我也不可能那么拼命和努力……不管怎样，最后真的是误打误撞成了知识产权律师，好像并不是我选择了做知识产权律师，而是知识产权律师选择了我。

最后，跟大家谈谈你们正在看的这本书。从内容上来说，这本书主要讲述了我的从业经验及感悟，源自我对法律问题、职业发展的一些看法和观点，也源自我在办理案件中积累的一些心得，这两者共同构成了我想跟大家交流的内容。希望这本书对于大家从事知识产权律师职业能够有所启发。

王晶

2021年10月

本书所引用的法律列表

（法律、行政法规及国际条约、外国法律）

序号	全称	简称
1	《中华人民共和国专利法实施细则》	《专利法实施细则》
2	《中华人民共和国专利法》	《专利法》
3	《中华人民共和国商标法》	《商标法》
4	Agreement On Trade-related Aspects of Intellectual Property Right（《与贸易有关的知识产权协定》）	TRIPs协定
5	Paris Convention for the Protection of Industrial Property	《保护工业产权巴黎公约》
6	《中华人民共和国民法典》	《民法典》
7	《中华人民共和国著作权法》	《著作权法》
8	《中华人民共和国著作权法实施条例》	《著作权法实施条例》
9	《计算机软件保护条例》	《计算机软件保护条例》
10	Copyright Law of the United States of America	《美国著作权法》
11	《信息网络传播权保护条例》	——
12	World Intellectual Property Organization Copyright Treaty（《世界知识产权组织版权条约》）	WCT
13	《中华人民共和国刑法》	《刑法》
14	《中华人民共和国反不正当竞争法》	《反不正当竞争法》
15	《中华人民共和国劳动争议调解仲裁法》	《劳动争议调解仲裁法》
16	《中华人民共和国劳动合同法》	《劳动合同法》
17	《中华人民共和国消费者权益保护法》	《消费者权益保护法》
18	《中华人民共和国保险法》	《保险法》

CONTENTS

目录

律师专业技能篇

律师执业感悟篇

律师专业技能篇

第一章　专利相关

技术特征与设计特征有何区别和联系

当我们谈及技术特征的时候，更多指的是发明或实用新型，如《专利法实施细则》第十九条就规定，“权利要求书应当记载发明或者实用新型的技术特征”。

《专利法实施细则》提及技术特征的条文为第十九条到第二十三条，但整部实施细则均没有对这一重要的法律术语进行解释。那么，技术特征到底是什么？《专利审查指南（2010）》（2019年修订版）里这么写道：“技术特征可以是构成发明或实用新型技术方案的组成要素，也可以是要素之间的相互关系。”①

设计特征规定于我国《专利法》第二十三条第二款中：“授予专利权的外观设计与现有设计或者现有设计特征的组合相比，应当具有明显区别。”可以看出，设计特征是针对外观设计而提出的一个概念，但是《专利法》也没有对这一概念作出解释。

在外观设计的申请中，另外一个术语比设计特征更频繁地被提起，那就是设计要点。在2009年之后的外观设计申请中，设计要点是需要

---

① 中华人民共和国国家知识产权局：《专利审查指南（2010）》（2019年修订版），知识产权出版社2020年版，第143页。

写入外观设计的简要说明里的，而对于什么是设计要点，《专利审查指南》（2010）认为："设计要点是指与现有设计相区别的产品的形状、图案及其结合，或者色彩与形状、图案的结合，或者部位。"[①]

设计要点在《专利法实施细则》第二十八条第一款中也有明确规定："外观设计的简要说明应当写明外观设计产品的名称、用途，外观设计的设计要点，并指定一幅最能表明设计要点的图片或者照片。省略视图或者请求保护色彩的，应当在简要说明中写明。"

这里的一个问题就是：设计要点和设计特征是不是一回事，如果二者一样，那么对设计要点的解释就能用于对设计特征的解释。

笔者认为设计特征这一概念内涵明显大于设计要点，因为单单从设计要点的解释来看，设计要点必须是具有装饰性的，我们也知道在外观设计中，还有一类由产品功能、技术效果决定的设计特征，因此设计特征实际上分为两类：一类是具有装饰性的设计要点，另一类是不具有装饰性而是由产品功能、技术效果决定的设计特征，简称为功能性设计特征。

这么来讲，设计要点这个词与技术特征几乎不可能产生交集，而当我们谈到技术特征和设计特征之间的联系时，唯一之处就在于技术特征和功能性设计特征之间。北京市高级人民法院《专利侵权判定指南》第八十一条规定，由产品功能、技术效果决定的设计特征，是指实现产品功能、技术效果的有限或者唯一的设计。按照这种理解，功能性设计特征和技术特征完全是一回事，但前提条件必须是有限的或唯一的设计。

在上述理解的基础上，针对有人提出的"当产品的结构在外部时，可以申请外观设计保护吗"这个问题，如果该结构属于有限的或唯一的设

---

① 中华人民共和国国家知识产权局：《专利审查指南（2010）》（2019年修订版），知识产权出版社2020年版，第78页。

计，那么属于功能性设计特征，就算能够申请外观设计保护，也没有多大意义，因为该设计特征在侵权比对时不予考虑，但是该结构不属于有限或唯一的设计时，该结构其实就具备了技术特征和设计特征的双重身份，既可以通过外观设计予以保护，也可以通过实用新型或发明予以保护。

外观设计专利侵权诉讼适用禁止反悔原则之探讨

【专利情况】

专利名称：饮水机（一）

专利号：ZL×××××××6.8

授权日期：2001年8月15日

专利权人：凯某公司

【案例要点】

外观设计专利侵权案件中鲜有适用禁止反悔的情形，本案例是为数不多的在外观设计专利侵权诉讼中适用禁止反悔原则的案例。

【案情简介】[①]

2000年11月8日，凯某公司向国家知识产权局申请了名称为“饮水机（一）”的外观设计专利，2001年8月15日公告授权，专利号为ZL×××××××6.8。2002年4月12日，凯某公司购得“正广和”牌YR5-12F型台式饮水机一台，该饮水机由华某电器公司、上海华某公司共同制造。凯某公司认为华某电器公司、上海华某公司生产的上述饮

① 具体案件参见（2002）杭经初字第362号民事判决，（2005）浙民三终字第263号民事判决。

水机侵犯其外观设计专利权，遂向原审法院提起诉讼，请求判令华某电器公司、上海华某公司停止侵权行为、连带赔偿经济损失30万元、公开赔礼道歉并承担案件诉讼费用。

一审法院认为，本案争议的焦点集中在被控侵权饮水机的设计是否与专利设计相近似。华某电器公司、上海华某公司认为，被控侵权饮水机设计与专利设计不相近似，主要是专利前额不同："饮水机的顶盖有一向上凸起的圆台形平座，饮水机的前额是从顶面圆台位置圆弧过渡到前额底边"，该特点是国家知识产权局专利复审委员会（以下简称专利复审委）认为涉案专利与现有技术的区别之一。而这种前额与前台之间的位置或过渡关系在被控侵权产品中没有体现。但一审法院并没有采纳该理由，认为被控侵权产品和专利产品相近似，侵权成立。华某电器公司和上海华某公司均不服，依法提起上诉。

在二审中，华某电器公司和上海华某公司称：一审判决没有适用禁止反悔原则。专利复审委第5077号无效决定中，维持本案专利权有效的主要理由之一为"本专利饮水机的前额从顶面圆台位置圆弧过渡到前额底边"，该特征是本案专利的重要特征，原判对此未认定，淡化了被控侵权产品与专利产品的差别，从而作出错误结论。

二审法院认为，在进行侵权比对认定之前，首先应当确定涉案专利的保护范围，只有落入了专利保护范围内的被控侵权产品才构成侵权。而对于经过无效宣告程序的专利权，法院应该审视专利权人在有关文件中所作出的对专利保护内容的理解以及对专利保护范围的限定的陈述，同时也应更为关注专利复审委作出维持专利有效或宣告专利无效的决定的理由，并借助此陈述和理由，确保专利的保护范围不作扩大或缩小的解释，保持对专利保护范围解释的一致性。

本案中，华某电器公司、上海华某公司曾就涉案专利"饮水机（一）"（专利号ZL××××××6.8）向专利复审委提出无效宣告请求，专利复审委作出了维持专利权有效的第5077号审查决定，该决定后经一、二审行政诉讼，最终被维持。该决定认为将专利与对比文件相比较后，二者整体形状相近似，均近似于正方体；各部分之间所设计零件的安放位置均相同。二者主要区别点在于：（1）饮水机前额形状不同，本专利饮水机的前额从顶面圆台位置圆弧过渡到前额底边，前额底边为向下半圆弧形；（2）接水槽形状不同，本专利接水槽为圆弧形，前缘与前额相等；（3）饮水机的侧面不同，本专利饮水机侧面为纵向凸面。该决定还同时认为饮水机的正面是该类产品的视觉要部，上述区别点（1）、（2）为显著差别，区别点（3）属于局部细微差别，鉴于本专利与对比文件形状存在显著差别，从而以此为由维持了涉案专利的效力。由此，我们不难看出涉案专利得以维持有效的理由在于其在前述的三个方面存在与现有外观设计的显著差别，这些差别构成了该外观设计专利中具有创新的部分。因此，在考察涉案专利的保护范围时，应当将前述几项区别点作为专利的重要特征，并在侵权判定时加以比对。从主视图来看，专利饮水机的前额是从顶面圆台位置圆弧过渡到前额底边，且上缓坡与边柱之间形成过渡沟，该过渡沟一直延伸到用于安装接水桶的环唇；被控侵权产品的前额与边柱之间较为连贯，形成一整体，没有分界线。而被控侵权产品的特征正是在专利无效中专利权人认为区别其外观设计专利的地方，因此应当适用禁止反悔原则。最终认为华某电器公司、上海华某公司不构成侵权。

【案例评析】

本案是外观设计专利侵权适用禁止反悔原则的典型案例。由此引发了两个问题：（1）外观设计专利侵权诉讼能否适用禁止反悔原则；（2）外观设计专利侵权诉讼适用禁止反悔原则需要满足什么样的条件。

（一）外观设计能否适用禁止反悔原则

禁止反悔原则是指为了获得或维持专利权，专利申请人或专利权人对专利申请文件或授权文件做出了导致专利权保护范围缩小的声明，对其放弃的专利权保护内容不得寻求法律保护。[①]

对于外观设计是否适用禁止反悔原则，有两种截然对立的观点。一种观点认为外观设计不适用禁止反悔原则，另一种观点认为外观设计可以适用禁止反悔原则。反对的理由又可分为以下两种：第一种理由是认为禁止反悔原则的适用以等同原则的适用为前提，而外观设计是不存在等同侵权的，因而外观设计不适用禁止反悔原则；第二种理由是有人将美国的专利申请历史禁止反悔原则等同于禁止反悔原则，而在美国专利法中并不包括外观设计，因此外观设计不适用于禁止反悔原则。

有法官认为，禁止反悔原则是等同原则之下的一个侵权判定原则，既然外观设计侵权不能适用等同侵权，当然也不适用禁止反悔原则。[②]这里就牵涉一个问题：等同原则和禁止反悔原则究竟是何种关系。

有人认为禁止原则依附于等同原则而存在，这种观点可概括为依附说。在一个案件中，只有当等同原则予以适用时，禁止反悔原则才有适用的余地，同时认为禁止反悔原则是对等同原则的限制。支持者认为禁止反悔原则不过是对等同原则的限制，其本身不能独立出现在专利侵权诉讼中[③]。等同原则的适用是禁止反悔原则适用的前提，但是等同原则的适用并不必然导致禁止反悔原则的适用。[④]

依附说在实务中以日本为典型，日本最高法院在“无限折动用滚珠花键轴承”案中指出，即使被控侵权物与权利要求记载的技术特征存在差异，当具备五个条件时，被控侵权物作为权利要求范围记载构成的等同物，仍属于专利发明的技术范围，第五个条件为：在专利发明申请

① 王晶：《论禁止反悔原则在专利侵权诉讼中的应用》，南京大学2013年硕士学位论文。

② 程永顺：《专利侵权判定实务》，法律出版社2002年版，第54页。

③ R.Polk Wanger：Prosection History Estoppel，Patent Adminstration and The Failure Festo，University of Pennsylvania Law Review. 2003（9）：162–176.

④ 曾丽：《专利侵权实务判定中禁止反悔原则适用研究》，上海交通大学2007年硕士学位论文。

手续时，并不存在这样的特殊情形，即被控侵权产品或者方法的技术范围被有意地排除于权利要求书之外。那么，此时可认为被控侵权产品构成对专利要求书所记载的技术范围的等同侵权。[①]

还有一种观点认为禁止反悔原则和等同原则两者互为独立，这种观点可以概括为独立说。独立说认为禁止反悔原则和等同原则相互独立，两者在各自的范围内产生作用。而之所以禁止反悔原则能对等同原则产生限制作用，不过恰好是两者作用的重合。

也有学者认为等同原则和禁止反悔原则在适用上不应当有优劣之分，两者都有其自身的价值，其适用方法应当因个案而定。[②]

笔者认为禁止反悔原则有其独立的价值。其不仅有自己不同于等同原则的法理基础，而且发挥的作用也与等同原则不同。等同原则在某种程度上扩张了专利权保护范围，而禁止反悔原则则恰恰相反，它禁止专利申请人或专利权人出尔反尔，限缩了专利权的保护范围。而禁止反悔原则对等同原则之所以能产生限制作用，不过是禁止反悔原则放弃的内容可以适用等同原则而已。如果是在相同侵权中，那么等同原则无适用的必要，而此时禁止反悔原则仍然可以发挥作用。

既然禁止反悔原则的适用并不以等同原则为前提，那么外观设计适用禁止反悔原则也不得因其无法适用等同侵权而遭到否定。而至于美国专利申请审查历史禁止反悔原则仅适用于发明和实用新型，不能简单地套用美国的专利制度来否定外观设计适用于禁止反悔原则。因此上述两种理由都显得太牵强。

实际上外观设计也应当适用禁止反悔原则。从禁止反悔原则适用的条件来看，在专利申请或无效过程中专利申请人或专利权人同

---

① 闫文军：《专利权的保护范围》，法律出版社2007年版，第274页。

② 黎照西：《专利侵权判定中等同原则与禁止反悔原则的适用研究》，西南政法大学2011年硕士学位论文。

样可以通过声明来消除实质性缺陷从而获得专利权。因此从理论上来说，外观设计适用禁止反悔原则是完全可行的。

（二）外观设计适用禁止反悔原则的条件

禁止反悔原则适用必须同时满足下面两个条件：（1）声明对获得或维持专利权产生了实质性作用；（2）声明缩小了专利权保护范围。

所谓实质性作用是指声明对获得或维持专利权所产生的有利作用。结合《专利审查指南》，笔者认为对于外观设计专利而言，能够产生实质性作用的声明有：（1）不属于现有设计的声明；（2）关于图片、照片清楚的声明；（3）关于单一性的声明。

如果在外观设计的申请或无效过程中，专利权人为了获得或维持专利权做出上述声明，并且该声明导致了专利权保护范围的限缩，那么就放弃的保护范围不得再寻求法律保护。

就本案而言，在无效过程中，专利权人为了维持专利权，做出了这样一个声明，即“本专利饮水机的前额从顶面圆台位置圆弧过渡到前额底边，前额底边为向下半圆弧形”，并且认为该特点是本专利的创新之处，不同于现有设计。应当属于上述三个声明中的“不属于现有设计的声明”，同时该声明直接导致了专利权保护范围的缩小，将不属于该设计特点的饮水机前额排除在外。而被控侵权产品恰好就是被专利权排除在保护范围之外的设计，因此应当运用禁止反悔反则禁止专利权人出尔反尔。

如何宣告专利权无效

——以一种抗风××窗帘的专利权无效宣告为例

宁波某公司系专利名称为“一种抗风××窗帘”的专利权人。因某公司发现南京S公司在某建筑工地上制造销售的窗帘落入其专利权保护范围，遂向法院提起诉讼。在此过程中，笔者作为南京S公司的代理人针对上述专利发起了专利无效，第一次专利无效于2015年5月提起，后专利复审委于2016年2月25日作出第一次无效宣告决定，宣告案涉专利全部无效，后宁波某公司不服上述决定，在收到第一次无效宣告决定后向北京知识产权法院提起行政诉讼，后经北京知识产权法院一审、北京市高级人民法院二审后撤销了专利复审委的无效宣告决定并责令其重新作出。为了进一步让上述专利无效，在二审期间，笔者作为南京S公司的代理人于2017年8月提起第二次无效宣告，后北京复审委于2018年8月作出了第二次无效宣告决定，依然宣告上述专利权无效，并且该次决定还包含了北京市高级人民法院要求专利复审委重新作出的第一次被撤销的无效决定，且专利复审委在该决定中针对第一次无效请求时仍然作出了全部无效的决定，换言之，第二次无效宣告决定里面包含了两个全部无效的决定。至此宁波某公司的该专利已经很难再通过行政诉讼途径救回，专利无效工作取得了最终胜利。

本案是笔者代理的为数不多的多轮无效的案件，且第一次无效所采用的证据材料和第二次所采用的证据材料完全不同，这中间对于对比文件的检索有点"踏破铁鞋无觅处，得来全不费工夫"的感觉，下面结合诉讼材料具体阐述之。

第一步　了解和确定无效宣告的法条依据

在无效专利之前，我们需要了解常见的专利无效的理由，由于我们发明的保护期限为20年，在本书写作之前，很多于2009年10月1日申请的发明专利（因为《专利法》在2008年有较大的修改，根据法不溯及既往的原则，依据2000年《专利法》来进行）还没有到期，因此有必要了解一下2000年《专利法》与现行《专利法》[1]之间无效理由的区别。

---

① 指2020年修订，2021年6月1日生效的《专利法》。

2000年《专利法》和现行《专利法》都是在其第四十五条中规定了专利无效的提起时间、提起主体、提起依据，并且分别在《专利法实施细则》第六十四条中对无效的法律依据作了详细规定，但两部法律有所不同，详见表1-1：

表1-1　《专利法》无效法律依据对比

<table>
<tr><th>无效法律依据</th><th>2000年《专利法》</th><th>现行《专利法》</th></tr>
<tr><td>现行《专利法》第二条（2001年《专利法实施细则》第二条）</td><td colspan="2">发明、实用新型、外观设计的定义</td></tr>
<tr><td rowspan="2">《专利法》第五条</td><td colspan="2">违反法律、社会公德或者妨害公共利益的发明创造</td></tr>
<tr><td></td><td>违法获取或利用遗传资源</td></tr>
<tr><td>现行《专利法》第九条（2001年《专利法实施细则》第十三条第一款）</td><td colspan="2">同样的发明创造只能授予一项专利权</td></tr>
<tr><td rowspan="3">《专利法》第二十二条</td><td>新颖性</td><td>新颖性（包括国外使用）</td></tr>
<tr><td colspan="2">创造性</td></tr>
<tr><td colspan="2">实用性</td></tr>
<tr><td rowspan="2">《专利法》第二十三条</td><td>与现有外观设计（不包括国外公开使用）不相同和不相近似</td><td>1.不属于现有设计；
2.外观设计与现有设计或者现有设计特征的组合相比，应当具有明显区别</td></tr>
<tr><td colspan="2">不属于抵触申请、不得与他人在先取得的合法权利相冲突</td></tr>
<tr><td rowspan="2">《专利法》第二十五条</td><td colspan="2">对下列各项，不授予专利权：
（一）科学发现；（二）智力活动的规则和方法；（三）疾病的诊断和治疗方法；（四）动物和植物品种；（五）用原子核变换方法获得的物质。
对前款第（四）项所列产品的生产方法，可以依照本法规定授予专利权</td></tr>
<tr><td></td><td>对平面印刷品的图案、色彩或者二者的结合作出的主要起标识作用的设计</td></tr>
<tr><td>《专利法》第二十六条第三款</td><td colspan="2">说明书清楚、完整、能够实现</td></tr>
</table>

续表

无效法律依据	2000年《专利法》	现行《专利法》
现行《专利法》第二十六条第四款（2001年《专利法实施细则》第二十条第一款）	权利要求书清楚、简要，以说明书为依据	
《专利法》第二十七条第二款		申请人提交的有关图片或者照片应当清楚地显示要求专利保护的产品的外观设计
《专利法》第三十三条	修改不得超范围	
现行《专利法实施细则》第二十条第二款（2001年《专利法实施细则》第二十一条第二款）	独权必须记载必要技术特征	
现行《专利法实施细则》第四十三条第一款		分案申请不得超范围

相比较2000年《专利法》，修改后的《专利法》增加了对违法获取或利用遗传资源并依赖该遗传完成的发明创造不授予专利权，对平面印刷品的图案、色彩或者二者的结合作出的主要起标识作用的设计，申请人提交的有关图片或者照片应当清楚地显示要求专利保护产品的外观设计以及分案申请不得超范围四个无效宣告法律依据。但考虑到之前外观设计的保护期限只有10年，即便是2009年9月30日申请的，到2019年保护期也结束了，所以目前外观设计的无效应当都是依据现行《专利法》提起。

第二步　深入研读涉案专利

研读涉案专利的目的是加深对技术方案本身的了解，一般来说涉案专利由著录信息页（含说明书摘要和摘要附图）、权利要求书、说明书、说明书摘要、摘要附图和说明书等内容组成，那么对于新手来说，如何阅读专利文献是至关重要的。

这里笔者分享一下自己的阅读习惯：

1.先做标注

由于专利申请文件的撰写需要符合一定的要求，目前说明书附图上只能标记标号（如阿拉伯数字1、2、3），但不能标明该标号所指示的技术特征名称，因此笔者在拿到一篇专利文献后，首先是对说明书附图的标记进行注释，可以打印出来将该标号所指代的技术特征的名称手写，也可以直接在电子版的说明书附图上进行标注，标注的好处是不仅方便阅读专利文献，也能加深理解，如图1-1所示。

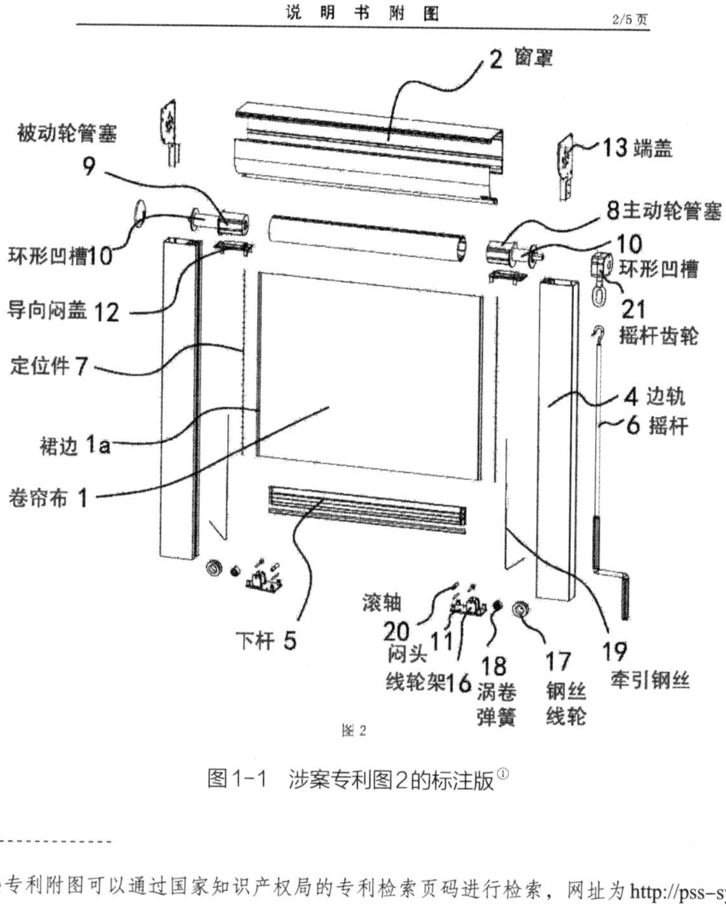

图1-1 涉案专利图2的标注版[①]

① 这些专利附图可以通过国家知识产权局的专利检索页码进行检索，网址为http://pss-system.cnipa.gov.cn/sipopublicsearch/portal/uiIndex.shtml。

2.浏览著录信息

著录信息页面里，有几个关键性的地方一定要阅读，具体可以看图1–2的标注：

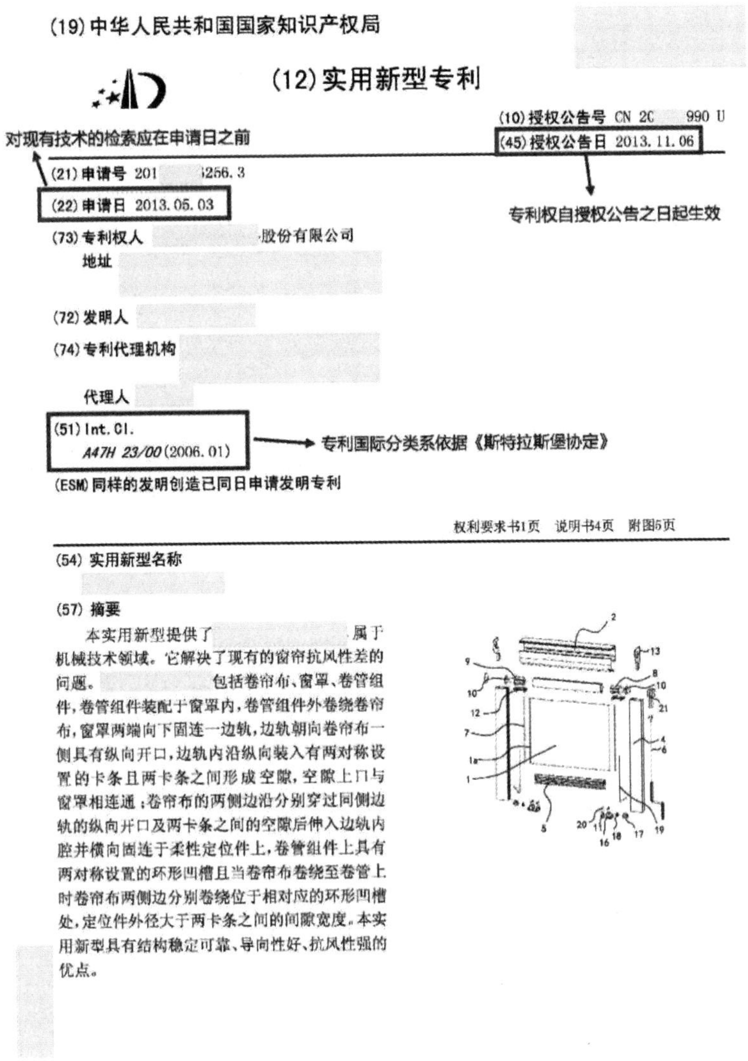
(19) 中华人民共和国国家知识产权局

(12) 实用新型专利

(10) 授权公告号 CN 2C 990 U

(45) 授权公告日 2013. 11. 06

(21) 申请号 201 3256. 3

(22) 申请日 2013. 05. 03

(73) 专利权人 股份有限公司

地址

(72) 发明人

(74) 专利代理机构

代理人

(51) Int. Cl.

A47H 23/00(2006. 01)

(ESM) 同样的发明创造已同日申请发明专利

权利要求书1页　说明书4页　附图5页

(54) 实用新型名称

(57) 摘要

本实用新型提供了 属于机械技术领域。它解决了现有的窗帘抗风性差的问题。 包括卷帘布、窗罩、卷管组件，卷管组件装配于窗罩内，卷管组件外卷绕卷帘布，窗罩两端向下固连一边轨，边轨朝向卷帘布一侧具有纵向开口，边轨内沿纵向装入有两对称设置的卡条且两卡条之间形成空隙，空隙上口与窗罩相连通；卷帘布的两侧边沿分别穿过同侧边轨的纵向开口及两卡条之间的空隙后伸入边轨内腔并横向固连于柔性定位件上，卷管组件上具有两对称设置的环形凹槽且当卷帘布卷绕至卷管上时卷帘布两侧边分别卷绕位于相对应的环形凹槽处，定位件外径大于两卡条之间的间隙宽度。本实用新型具有结构稳定可靠、导向性好、抗风性强的优点。

图1–2　关键信息显示

3. 结合说明书附图阅读说明书

说明书内容由技术领域、背景技术、发明内容、具体实施例这几个部分组成，阅读时我们要重点关注一下背景技术中所描述的技术问题，然后在阅读顺序上，可以跳过发明内容直接看具体实施例，因为具体实施例里面会包含发明内容。把具体实施例看懂了，专利所要解决的技术问题以及所采用的技术方案就一目了然了。

4. 最后阅读权利要求书

权利要求书一般是具体实施例的升华，也是说明书中发明内容部分的体现，是专利权保护范围的具体体现。所谓专利权无效宣告，也就是将权利要求书中所记载的保护范围推翻的过程，权利要求书的无效需要明确具体无效的权利要求项数，如是无效权利要求 1，还是权利要求 2，等等。在无效的过程中，可以修改权利要求书，但是修改后权利不能超过原先权利要求书所保护的范围。换言之，权利要求书中所记载的每一个字都是无效双方争议的焦点。

第三步　检索对比文件，组织证据材料

在阅读完专利文献的基础上，我们首先要确定检索的思路。笔者通常喜欢先检索一下专利权过往申请的专利，因为现在很多企业喜欢对产品小修小改之后申报专利。其次要确定检索关键词，就拿本案来说，关键词可能包括“窗帘”“抗风”。最后要确定检索所用的数据库，通常情况下我们用中文数据库，但在个别情况下我们也可以选择美国、欧盟或者日本的数据库，具体如何选择，主要看该产品相关的技术在哪个地方比较发达，选择该地区的数据库往往能获得比较不错的检索结果。

如果是以涉案专利没有创造性为由提起无效宣告，通常采用三步法来进行判断[①]，具体如下。

---

① 具体可以看一下《专利审查指南（2010）》中的相关内容。

1.确定最接近的现有技术。所谓最接近的现有技术，是指现有技术中与要求保护的发明关系最密切的一个技术方案，也就是公开权利要求1技术特征最多的现有技术。

2.确定区别技术特征及涉案专利实际解决的技术问题。所谓区别技术特征，就是最接近的现有技术中没有记载，但是在权利要求保护书中已经记载的技术特征，然后根据该区别技术特征所能达到的技术效果确定发明实际解决的问题。

3.判断要求保护的发明对本领域技术人员来说是否显而易见。

在本案中，笔者通过检索专利权人的过往申请专利，检索到的最接近的现有技术如图1–3所示，又检索了其他6篇作为无效证据的材料。

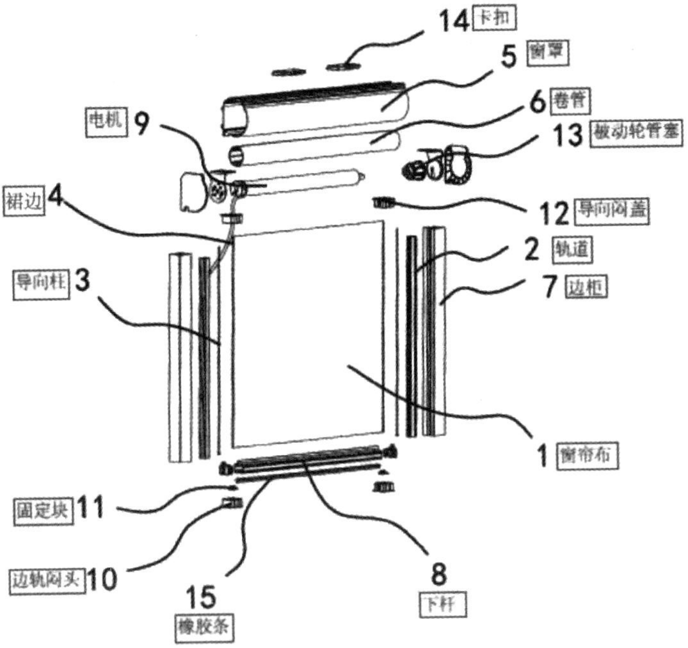

图1–3　本窗帘剖视结构示意图

根据证据材料撰写无效宣告申请书及其他材料，其中无效宣告申请书正文范例如下。

尊敬的专利复审委员会：

本请求人根据《专利法》第四十五条、《专利法实施细则》第六十五条，请求宣告专利号为20××××××6256.3，专利名称为“××”，专利权人为“××股份有限公司”的实用新型全部无效，具体理由如下。

一、关于证据及证据的公开情况

1.本请求人提交的证据为：

附件1：是授权公告号为CN××××××471A、名称为“××”的发明专利文献，其公告日为2012年×月×日，早于本专利的申请日2013年5月3日。

附件2：是授权公告号为CN××××××770U、名称为“××”的实用新型专利文献，其公告日为2012年×月×日，早于本专利的申请日2013年5月3日。

附件3：是授权公告号为CN××××××500U、名称为“××”的实用新型专利文献，其公告日为2011年×月×日，早于本专利的申请日2013年5月3日。

附件4：是授权公告号为CN××××××1Y、名称为“××珠式防风装置”的实用新型专利文献，其公告日为2004年×月×日，早于本专利的申请日2013年5月3日。

附件5：是授权公告号为CN××××××183U、名称为“××传动头尾塞”的实用新型专利文献，其公告日为2012年×月×日，早于本专利的申请日2013年5月3日。

附件6：是授权公告号为CN××××××815U、名称为“××遮阳系统”的实用新型专利文献，其公告日为2010年×月×日，早于本专利的申请日为2013年5月3日。

附件7：是授权公告号为CN××××××695U、名称为“××的”专利文献，其公告日为2012年×月×日，早于本专利的申请日2013年5月3日。

2.各证据公开权利要求1–7各技术特征的情况

（1）附件1公开的技术特征

附件1公开了一种窗帘抗风组件及其窗帘，其说明书第0009段具体公开了权利要求书以下技术特征：“一种窗帘，其特征在于，包括窗帘布（相当于权利要求1的卷帘布）、窗罩（相当于权利要求1的窗罩）、安装在床罩内的卷管（相当于权利要求1的卷管组件）、设置在窗帘布两侧边的边轨（相当于权利要求1的边轨）……所述的抗风组件包括安装在轨道内的导向柱（相当于权利要求1的定位件）和固连在窗帘布侧边的裙边（相当于权利要求4的裙边）。”

附件1说明书第0024段公开了“导向柱的外径大于轨道开口槽（相当于权利要求1的边轨内腔）开口处的口径（相当于权利要求1两卡条形成的空隙），保证了导向柱不会从轨道内脱离出来”。

附件1说明书第0007段公开了“所述的窗帘布与裙边还可以通过缝纫机缝纫固连在一起”，第0025段“裙边对折形成一周向封闭的空间，导向柱就穿在该空间，这样就使得导向柱与窗帘布相连（相当于权利要求1卷帘布和定位件位置关系，相当于权利要求3的全部技术特征）”。

附件1说明书第0027段公开了“导向柱可采用塑料或钢丝材料制成（相当于权利要求7），塑料或钢丝材料制成的导向柱不仅价格便宜，而且具有一定的弹性和柔性（给出了导向柱柔性的技术启示）”。

（2）附件2公开的技术特征

附件2公开了一种户外遮阳窗帘，其说明书第0004段具体公开了“一种户外遮阳窗帘，包括卷帘（相当于权利要求1的卷帘布）、连在卷帘顶部的卷轴（相当于权利要求1的卷管组件），在卷帘的左右两侧装有上下分布的面料扣（相当于权利要求1的定位件），在卷帘的左右两侧竖向布置与卷轴相连的侧轨（相当于权利要求1的边轨）”。

说明书第0023段公开了所述卷轴2包括与卷帘1相连的铝合金卷管

2–1（相当于权利要求2的卷管），插装在卷管两端的驱动转轮尾塞2–3（相当于权利要求2的主动轮管塞和被动轮管塞），罩在卷管外的罩壳2–2（相当于权利要求1的窗罩）。

说明书第0025段公开了“通过手动摇杆3–2的摇晃来拉动牵引钢丝3–1，牵引钢丝再带动驱动转轮尾塞2–3转动，驱动转轮尾塞再带动卷管2–1转动，卷管的转动使卷帘1展开或收起（相当于权利要求6的全部技术特征）”。

说明书第0026段公开了“所述侧轨5包括外轨5–1和穿插在外轨中的内轨5–2（相当于权利要求1的卡条所形成的空隙）。其中外轨5–1起固定作用；内轨5–2由高强度纳米材料制成，前述的面料扣4就卡在该内轨中并能在其内上下滚动（相当于权利要求1定位与卡条之间的位置关系），内轨具有防滑功能，可有效地控制卷帘1的走位精度，增加本窗帘的抗风性能”。

（3）附件3公开的技术特征

附件3公开了防风隐形纱窗，其说明书第0013段公开了所述侧边框2（相当于权利要求1的边轨）内设有纵向延伸的凹槽22（相当于权利要求1两卡条形成的空间），所述凹槽22面向纱网3（相当于权利要求1的卷帘布）的一侧设有开口（相当于权利要求1边轨朝向卷帘布一侧具有纵向开口）形成供纱网的侧边部行走的滑道210。

说明书第0014段公开了“纱网3的侧边部缝合连接有一软布7（相当于权利要求1卷帘布的侧边与柔性定位件固连），所述软布7内包裹有一软条6（相当于权利要求1的定位件），所述软条6为橡胶条且其横截面的尺寸大于所述滑道横截面的尺寸（相当于权利要求1的定位件外径大于两卡条之间的间隙宽度）”。

说明书第0015段公开了“当遇到大风天气时，纱网3的侧边部受力向外拉动，此时，由于软条6的横截面的尺寸大于滑道21横截面的尺寸，所以软条6就被卡在凹槽22内，纱网3就不会被风吹开。同时，软布7耐磨，增强了其使用的可靠性（相当于权利要求1卡条及定位件的作用）”。

说明书第0016段公开了“软条可以换成其他的柔性材料，如细绳，皮革等（相当于权利要求7的全部技术特征）”。

附图2所述的凹槽结构图进一步公开了带有两对称设置的卡条结构（相当于权利要求1的两卡条之间形成空隙）。

（4）附件4公开的技术特征

附件4公开了带有密封结构的自动纱窗的珠式防风装置，其说明书的背景技术提及“在纱网（相当于权利要求1的卷帘布）的两边用绳连接多个防风珠（相当于权利要求7的珠链），将U形轨道的口部设计成缩口（相当于权利要求1两卡条形成的空隙），一般是在U形轨道内侧插接抗风条（相当于权利要求1的卡条），将防风珠挡在轨道内，达到防风的目的”。

具体实施方式第一段公开了“在所述的抗风条4的顶端面有与所述基座51（相当于权利要求1的边轨）配合的插槽，基座51插入该插槽内”。

附件4的图1至图3进一步公开了抗风条和防风珠的位置关系，且抗风条也是两对称设置在基座上，和涉案专利的图5发明原理一模一样。

（5）附件5公开的技术特征

附件5公开了遮阳卷帘卷管传动头尾塞，其说明书第0018段具体公开了“本实用新型在头塞（相当于权利要求2主动轮管塞）和尾塞（相当于权利要求2的被动轮管塞）均只有用于卷帘面料在收卷过程中走位的面料槽（相当于权利要求1或2的环形凹槽）。在卷帘面料收卷时，其两侧的拉链或面料扣（相当于权利要求1的定位件）刚好伸入至所述面料槽中”。

（6）附件6公开的情况

附件6公开了一种抗风性面料遮阳系统，其说明书附图2具体公开纤维10（相当于权利要求1的定位件）位于导轨2内部（相当于权利要求1两卡条形成的空隙）。

（7）附件7公开了珠链是窗帘常用的拉索。

二、权利要求1–7不具有《专利法》第二十二条第三款所规定创造性

1.权利要求1不具有创造性的理由

上述证据中，附件1较多地公开了涉案专利权利要求的技术特征，为涉案专利最接近的现有技术。

权利要求1相对于附件1，其区别技术特征在于：（1）所述边轨内沿纵向装入有两对称设置的卡条且所述两卡条之间形成有面朝卷帘布一侧的空隙，空隙的上口与窗罩相连通；所述卷帘布的两侧边沿分别穿过同侧边轨的纵向开口及两卡条之间的空隙后伸入边轨内腔并横向固连于柔性定位件上。（2）所述卷管组件上具有两对称设置的环形凹槽且当卷帘布卷绕至卷管上时卷帘布两侧边分别卷绕位于相对应的环形凹槽处，所述定位件外径大于两卡条之间的间隙宽度。

针对于区别技术特征，其实际解决的技术问题有两个：第一个为将定位件限位于边轨中，第二个为为了防止定位件卷起时偏移，在卷管组件上设置凹槽。

其区别技术特征（1）被附件6全部公开、附件3全部公开（详见前述附件3的公开情况），但是更多地被附件4全部公开（详见前述附件3的公开情况）。

其区别技术特征（2）被附件5全部公开。

本领域技术看到附件1+附件3（或附件4，或附件6，或附件3+附件4，或附件4+附件6，或附件3+附件4+附件6）+附件5的时候不需要创造性劳动就会很简单地得到权利要求1的技术方案，因此权利要求1相对于“附件1+附件3（或附件4，或附件6，或附件3+附件4，或附件4+附件6，或附件3+附件4+附件6）+附件5”的组合没有创造性。

2.权利要求2不具有创造性的理由

权利要求2是对权利要求1环形凹槽的进一步限定，但是其限定

部分的技术特征主动轮管塞和被动轮管塞被附件2和附件5所公开且属于本领域的公知常识，其环形凹槽及其开设的位置附件5全部公开，因此本领域通过阅读附件2及附件5无须通过创造性的劳动即得出权利要求2的技术方案，权利要求2相对于上述附件具有显而易见性，不符合《专利法》第二十二条第三款关于创造性的要求。

3.权利要求3、4不具有创造性的理由

权利要求3所述定位件长度与卷帘布长度相同是本领域技术人员的公知常识，而定位件缝纫固连在卷帘布侧边也是本领域技术人员的惯常手段且该技术特征被附件1第0007段公开，权利要求4所述的卷帘布两侧边沿各固定连接一裙边，所述的卷帘布通过所述的裙边横向固连于所述的定位件。该技术特征被附件1第0007段全部公开。本领域人员通过阅读附件1即可得到权利要求3、4的全部技术方案。权利要求3、4相对于上述附件具有显而易见性，不符合《专利法》第二十二条第三款关于创造性的要求。

4.权利要求5不具有创造性的理由

与附件1相比，权利要求5所要解决的技术问题是“卷帘布在受风压的情况下不能舒畅下移”。

针对这一技术问题，当卷帘布不能舒畅下移时，本领域技术人员会很容易想到要施加一个向下的力，同时涡卷弹簧恰好能够产生牵引力，本领域技术人员将公有知识与附件1相结合，很容易得到权利要求5所记载的技术方案，因此权利要求5所记载的技术方案具有显而易见性，不具有实质性的特点和进步，不满足《专利法》第二十二条第三款所规定的创造性。

5.权利要求6不具有创造性的理由

窗帘的摇杆装置是本领域技术人员无须通过创造性劳动即可获得的常规技术手段，且被附件2第0025段具体公开。本领域人员通过阅读附件2即可得到权利要求6的全部技术方案。权利要求6相对于上述附件2具有显而易见性，不符合《专利法》第二十二条第三款关于创造性的要求。

6.权利要求7不具有创造性的理由

对于本领域技术人员而言，珠链（附件7公开的）、软牵引钢丝、尼龙绳是常用的拉索，附件1第0007段给出了导向柱可采用塑料或钢丝材料制成的技术启示，本领域技术人员很容易想到这里的钢丝材料可采用软牵引钢丝，附件3说明书第0016段公开了“软条可以换成其他的柔性材料，如细绳，皮革等”，本领域技术人员很容易想到这里的钢丝材料可采用尼龙绳，并且由于尼龙绳、软牵引钢丝和珠链都是常用的拉索装置，因此本领域技术人员有动机将尼龙绳或软牵引钢丝换成珠链。

附件4更进一步地公开了“在纱网（相当于权利要求1的卷帘布）的两边用绳连接多个防风珠”，本领域技术人员阅读这段可以轻而易举地想到珠链。

因此权利要求7相对于附件1、附件3、附件4及其结合具有显而易见性，本领域人员通过阅读附件1、附件3、附件4及其结合即可得到权利要求7的全部技术方案。权利要求7相对于上述附件具有显而易见性，不符合《专利法》第二十二条第三款关于创造性的要求。

综上，权利要求1–7不符合《专利法》第二十二条第三款关于创造性的要求，请求专利复审委宣告其全部无效。

专利复审委认为专利权利要求1相对于对比文件1的区别技术特征，二者均涉及抗风遮阳窗帘，但具体采用的防止窗帘从边轨脱离的方式不同，即二者区别为：（1）所述边轨内沿纵向装入有两对称设置的卡条且所述两卡条之间形成有面朝卷帘布一侧的空隙，所述卷帘布的两侧边沿分别穿过同侧边轨的纵向开口及两卡条之间的空隙后伸入边轨内腔并横向固连于柔性定位件上，所述定位件外径大于两卡条之间的间隙宽度，所述定位件为珠链；（2）所述卷管组件上具有两对称设置的环形凹槽且当卷帘布卷绕至卷管上时卷帘布两侧边分别卷绕位于相对应的环形凹槽处。权利要求1相对于证据1实际解决的问题是：（1）如何对卷帘布两侧的定位方式进行改进，以达到更好的定位效果；（2）当卷帘收卷时，如何对卷帘布两侧边进行限位和收纳，以使当卷帘布卷绕至卷管上时卷帘布与其两侧边保持平整。

针对上述区别技术特征，专利复审委认为，证据4中所述的每个防风珠是分别通过绳子横向固定在纱窗边缘上的，各珠子在纵向上并无连接，也就是说，其不是通过一根绳子从纵向上将其串联成独立的珠链结构再横向与纱窗边缘连接的，其与本专利中的珠链结构稍有不同，然而，从产品最终结构和所实现的限位作用上来看，证据中的多个防风珠同样构成了在纱窗边缘形成纵向连续分布的串形结构，与本专利中柔性定位件珠链的结构类似，因此，从证据4的防风珠结构出发，本领域技术人员更容易想到也可以采用现有技术中常见的珠链这一独立的结构替换证据4中的多个防风珠结构，其作用和效果是相同的。

对方提起行政诉讼的理由：（1）被诉决定使用多篇对比文件加公知常识结合的方式评述本专利的创造性，明显违背了实用新型创造性的审查标准；（2）从具体结构、技术领域、具体用途功能、具体使用效果上看，证据4中公开的防风珠与本专利的珠链结构均存在本质区别。

终审裁判认为：本案中，原告主张被诉决定使用多篇对比文件加公知常识结合的方式来评述本专利的创造性，明显违背了实用新型创造性的审查标准。故本案中主要涉及现有技术数量确定的问题。

本案中，虽证据4公开的为纱窗，而本专利为窗帘，但二者均面临“稳固定位”的问题，故不能单纯依据二者领域的不同而排除将其作为现有技术的可能。然而，由于被诉决定关于本专利权利要求1所实际解决的技术问题认定有误，在此基础上，被诉决定认定“证据4给出了将区别技术特征（1）用于证据1以获得权利要求1相应技术方案的技术启示”的认定亦存在错误。

专利复审委重新作出决定时的观点：证据1、证据2、证据3和证据5均涉及防风遮阳窗帘，与本专利技术领域相同。本专利权利要求1与证据1的区别技术特征，分别在证据2或证据3和（/或）证据5中公开，两者面对的技术问题相同，技术效果也相同。虽然珠链作为柔性定位件未直接被证据公开，但其作为柔性定位件的一种具体手段，与证据2、证据3或证据5中所公开的面料扣、软条等，结构差异较小，目的、功能和作用完全相同。正如本专利说明书中所述柔性定位件可为珠链、软牵引绳或尼龙绳，其功能和作用相同，珠链与其他软牵引绳或尼龙绳相比，也没有带来任何意想不到的技术效果。

因此，本专利权利要求1相对于证据1、证据5与本领域公知常识的结合，证据1、证据2、证据5与本领域公知常识的结合，证据1、证据3、证据5与本领域公知常识的结合，均不具有实质性特点，不具有创造性，不符合《专利法》第二十二条第三款的规定。

在第一轮无效决定被北京知识产权法院推翻之后，我们随即开始了第二轮的无效进程，而在第二轮中我们要克服第一轮无效的弊端，所以必须重新组织无效证据材料。在这个过程中我们竟然通过对手获得了最接近的现有技术，这里面充满了故事。

南京S公司还有一个关联公司叫作南京Z公司，Z公司本身拥有一项名叫“头尾塞”的专利，这个专利属于窗帘中的一个组件，我们认为宁波某公司所制造的窗帘也侵犯了我们上述专利的专利权，于是南京Z公司用头尾塞的专利告了宁波某公司。在这个诉讼中，宁波某公司为了证明头尾塞属于现有技术，提供给法庭一个窗帘的专利（主要结构见图1-4）以证明在这个窗帘的专利中头尾塞专利的内容已经被公开。虽然后续的南京Z公司诉宁波某公司的诉讼并没有顺利地进行下去，但我们发现宁波某公司提供的这个专利比第一轮无效中我们确定的最接近的现有技术所公开的技术特征还要多，并且发现只需要两个专利的组合即可以进行无效。而宁波某公司之所以犯这样的错误，主要原因在于负责其诉讼和专利无效的是律师事务所，和专利代理机构的律师不同，这就导致他们专利无效和诉讼的信息并不对称，没有综合考虑两个阶段的关联性。

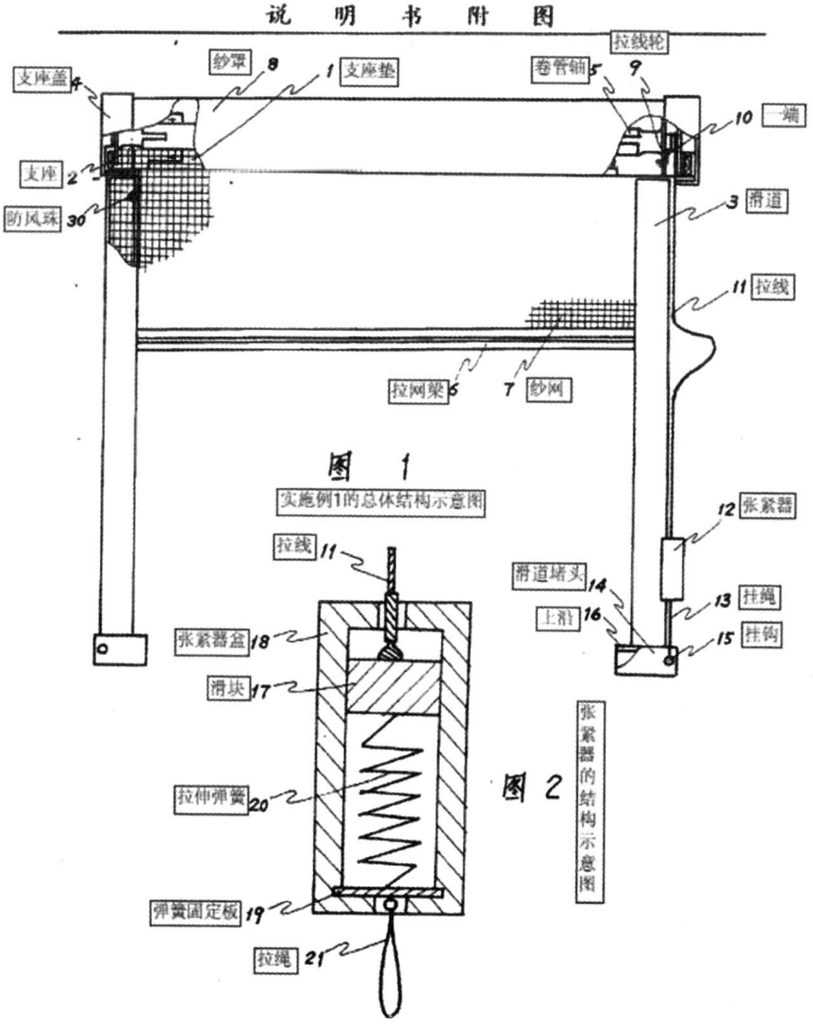

图1-4　说明书附图

第二轮无效的申请书正文如下。

无效请求书（正文）

尊敬的专利复审委员会：

本请求人根据《专利法》第四十五条、《专利法实施细则》（下称《专利法实施细则》）第六十五条，请求宣告专利号为2013×××，专利名称为“一种抗风××窗帘”，专利权人为“宁波某公司”的实用新型全部无效，具体理由如下。

一、关于证据及证据的公开情况

1.本请求人提交的证据为：

附件1：是授权公告号为CN××××××1Y、名称为“拉线卷帘纱窗”的实用新型专利文献，其公告日为1999年2月17日，早于本专利的申请日2013年5月3日。

附件2：是授权公告号为CN2×××31Y、名称为“带有密封结构的自动纱窗的珠式防风装置”的实用新型专利文献，其公告日为2004年12月15日，早于本专利的申请日2013年5月3日。

2.涉案专利修改后的权利要求书

请求人曾经于2015年6月2日提起对涉案专利的无效宣告，在2015年12月9日此次无效口头审理过程中，被请求人对涉案专利的权利要求书进行了修改，修改后的权利要求书如下：

（1）一种抗风遮阳窗帘，包括卷帘布、窗罩、卷管组件，所述的卷管组件转动式地装配于所述的窗罩之内，卷管组件外卷绕所述的卷帘布，卷管组件转动而带动卷帘布展开或收卷，所述窗罩的两端各向下固定连接一边轨，边轨朝向卷帘布一侧具有纵向开口，其特征在于：所述边轨内沿纵向装入有两对称设置的卡条且所述两卡条之间形成有面朝卷帘布一侧的空隙，空隙的上口与窗罩相连通；所述卷帘布的两侧边沿分别穿过同侧边轨的纵向开口及两卡条之间的空隙后伸入边轨内腔并横向固连于柔性定位件上，所述卷管组件上具有两对称设置的环形凹槽且当卷帘布卷绕至卷管上时卷帘布两侧边分别卷绕位于相对应的环形凹槽处，所述定位件外径大于两卡条之间的间隙宽度，所述定位件为珠链。

（2）根据权利要求1所述的抗风遮阳窗帘，其特征在于，所述卷管组件包括卷管和插固在卷管两端的主动轮管塞及被动轮管塞，上述环形凹槽分别开设在主动轮管塞和被动轮管塞外露在卷管外的部位上且所述环形凹槽外径小于卷管管径，所述卷帘布宽度大于卷管长度。

二、权利要求1不具备《专利法》第二十二条第三款所规定的创造性

1. 附件1为权利要求1最接近的现有技术

从下面的《权利要求1技术特征对比公开概览》中可以看出，附件1公开了权利要求1较多的技术特征，为最接近的现有技术。

表1–2　权利要求1技术特征对比公开概览

技术特征	公开特征	文图表述	对比情况
一种抗风遮阳窗帘	拉线卷帘纱窗	说明书标题	类似
卷帘布	纱网		相同
窗罩	纱罩		相同
卷管组件	卷管轴		相同
所述的卷管组件转动式地装配于所述的窗罩之内	卷管轴5上扣合着沙罩8	说明书第2页倒数第1行	相同
卷管组件外卷绕所述的卷帘布，卷管组件转动而带动卷帘布展开或收卷	纱网被卷在卷管轴上，带动拉网梁徐徐上升	说明书第1页倒数第1行	相同
所述窗罩的两端各向下固定连接一边轨	紧固在窗框上的左右两个滑道	说明书第1页第4段第2行	相同

续表

技术特征	公开特征	文图表述	对比情况
边轨朝向卷帘布一侧具有纵向开口	滑道上一侧具有纵向开口	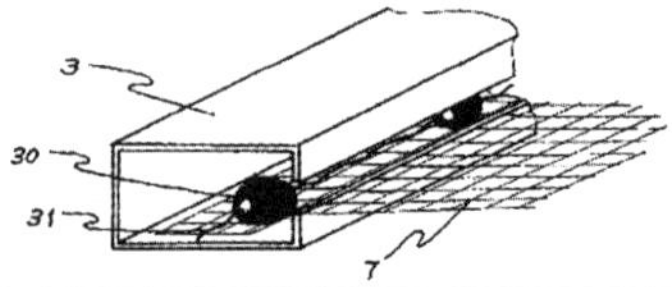	相同
所述边轨内沿纵向装入有两对称设置的卡条且所述两卡条之间形成有面朝卷帘布一侧的空隙，空隙的上口与窗罩相连通	缺少两对称设置的卡条及其相关技术特征		未公开
所述卷帘布的两侧边沿分别穿过同侧边轨的纵向开口及两卡条之间的空隙后伸入边轨内腔并横向固连于柔性定位件上	位于滑道槽中的纱网两侧以线绳穿装着防风珠	说明书第2页第3段第1行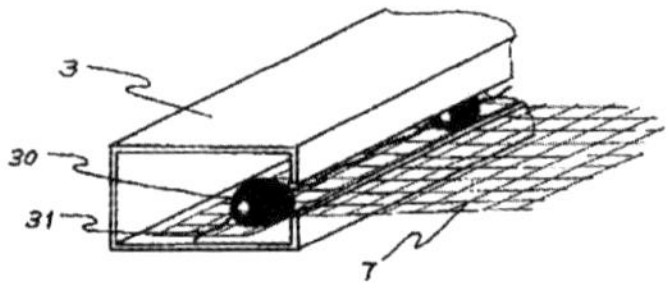	公开
所述卷管组件上具有两对称设置的环形凹槽且当卷帘布卷绕至卷管上时卷帘布两侧边分别卷绕位于相对应的环形凹槽处		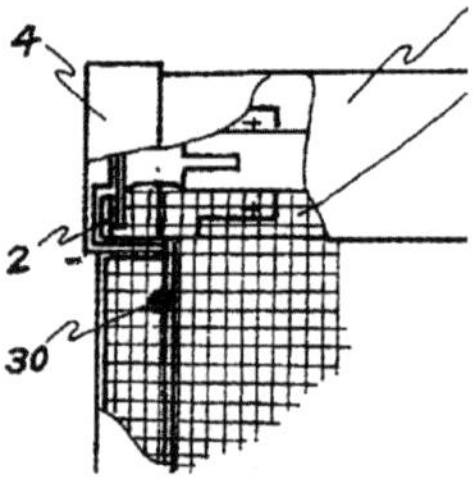图1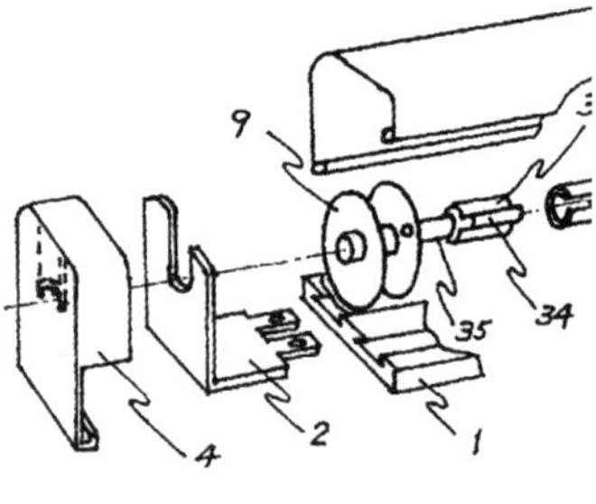图5	

续表

技术特征	公开特征	文图表述	对比情况
所述定位件外径大于两卡条之间的间隙宽度	防风珠的直径大于槽的开口的宽度	说明书第2页第3段第1行	
定位件为珠链	线绳穿装着防风珠	说明书第2页第3段第1行	

2.与附件1相比，其区别技术特征已经被附件2公开

与附件1相比，区别技术特征为“所述边轨内沿纵向装入有两对称设置的卡条且所述两卡条之间形成有面朝卷帘布一侧的空隙，空隙的上口与窗罩相连通”，其实际所要解决的问题是如何提高边轨的定位效果。

附件2公开了一种带有密封结构的自动纱窗的珠式防风装置，其中背景技术部分公开了“将U形轨道的口部设计成缩口，一般是在U形轨道口内侧插接抗风条，将防风珠挡在轨道里”。

结合附件2的附图1至附图3，我们可以看到其抗风条也是一边一个，形成的间隙小于防风珠的直径，进而可以将防风珠挡在里面，我们认为本领域技术人员在看到附件2的防风结构后，不经过创造性的劳动，就能想到在边轨里设置作用相同、解决同样技术问题的卡条，因此上述区别技术特征已经被附件2公开，附件2已经给出了相关的技术启示，区别技术特征对于本领域人员来说是显而易见的。

本领域技术人员在看到附件1和附件2后，有动机地将两者结合起来，进而得到涉案专利权利要求1的全部技术方案，权利要求1相对附件1和附件2的结合来说，不具有实质性特点和进步，不满足《专利法》第二十二条第三款所规定的创造性。

三、权利要求2不具备《专利法》第二十二条第三款所规定的创造性

权利要求2是权利要求1的进一步限定，但是其所限定的技术特征

已经被权利要求1说明书文字部分和附图1、附图5公开。

在权利要求1不具备创造性的基础上，权利要求2也不具有创造性。

综上，请求宣告涉案专利的权利要求1和2全部无效。

专利复审委认为区别技术特征为证据1，权利要求1相对于证据1，区别在于：（1）权利要求1保护的主题是一种抗风遮阳窗帘，窗帘是由卷帘布构成，而证据1公开的是一种拉线卷帘纱窗，其纱窗是由纱网构成的；（2）权利要求1中所述边轨内沿纵向装入有两对称设置的卡条，而证据1中滑道3的纵向开口没有设置卡条。最终，本专利权利要求1相对于证据1结合公知常识，或者证据1与证据2结合公知常识不具有实质性特点，不符合《专利法》第二十二条第三款规定的创造性。

如何办理专利侵权案件

——以南京S公司涉嫌宁波某公司专利权纠纷为例

宁波某公司系专利号为201320236×××.3，专利名称为“一种抗风××窗帘”的专利权人。因某公司发现南京S公司在某建筑工地上制造销售的窗帘落入其专利权保护范围，遂向N法院提起诉讼，后南京S公司委托笔者作为其代理人代理此案。

本案是笔者作为被告的代理人参与诉讼的，因此从被告的角度需要考虑如何进行抗辩，在专利侵权案件中最常用的是专利无效，并且在本书之前的章节中也已经介绍了如何进行专利无效，这里不再赘述，仅从不侵权抗辩的角度谈谈在这类案件中，律师该如何代理被告。

一、首先需要了解专利侵权比对的原则和方法

专利侵权比对主要采用全面覆盖原则和等同原则。

全面覆盖原则是指人民法院在判定被控侵权技术方案是否落入专利权保护范围时，不应当省略权利人主张的权利要求所记载的任何一项技术特征。

被控侵权技术方案包含了与权利要求记载的全部技术特征相同或者等同的特征的，人民法院应当认定被控侵权技术方案落入专利权的保护范围；被控侵权技术方案的技术特征与权利要求记载的全部技术特征相比，缺少权利要求记载的一项或者一项以上的技术特征，或者有一项或一项以上的技术特征不相同也不等同的，人民法院应当认定被控侵权技术方案没有落入专利权的保护范围。

等同原则就是当被控技术方案的某一个技术特征与专利权利要求书所记载的技术特征不一样时，采用的判断是否构成侵权的方法。

等同的技术特征，是指与权利要求记载的技术特征相比，以基本相同的手段，实现基本相同的功能，达到基本相同的效果，并且本领域普通技术人员在侵权行为发生时无须创造性劳动即可联想到的特征。

等同判定是对技术特征之间是否以基本相同的手段，实现基本相同的功能，达到基本相同的效果的判定，而不是对整个技术方案的判定。

二、对涉案专利权利要求书的技术特征进行拆解，并跟被控侵权产品的技术方案进行逐一比对

将涉案专利权利要求书和被控侵权产品的技术特征逐一拆解后，形成的侵权比对见表1–3。

表1–3　侵权比对

权利要求	技术特征	被控侵权产品	比对	结论
	包括卷帘布、窗罩、卷管组件	含有卷帘、罩壳、卷轴	相同	
	所述的卷管组件转动式地装配于所述的窗罩之内	所述的卷轴转动式地装配于所述的罩壳之内	相同	
	卷管组件外卷绕所述的卷帘布	卷轴外绕卷帘	相同	
	卷管组件转动而带动卷帘布展开或收卷	卷轴转动而带动卷帘展开或收卷	相同	
	所述窗罩的两端各向下固定连接一边轨	所述罩壳的两端向下固定连接一侧轨	相同	
	边轨朝向卷帘布一侧具有纵向开口	侧轨朝向卷帘一侧具有纵向开口	相同	
1	所述边轨内沿纵向装入有两对称设置的卡条且所述两卡条之间形成有面朝卷帘布一侧的空隙 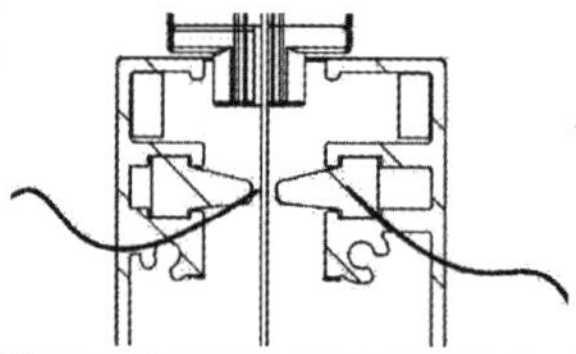	无卡条 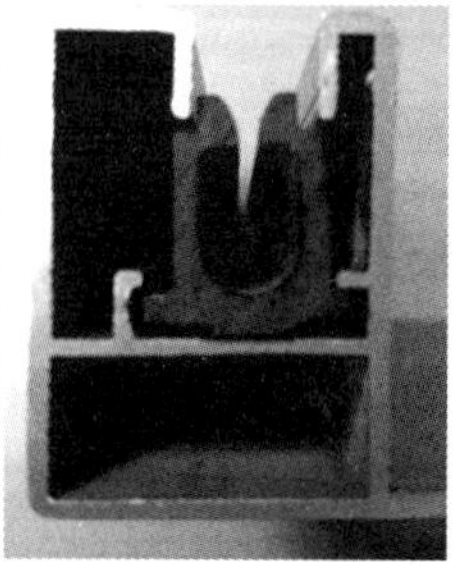	无	不侵权
	空隙的上口与窗罩相连通	内轨的空隙上口与罩壳相连	相同	
	所述卷帘布的两侧边沿分别穿过同侧边轨的纵向开口及两卡条之间的空隙后伸入边轨内腔并横向固连于柔性定位件上		无	

续表

权利要求	技术特征	被控侵权产品	比对	结论
	所述卷管组件上具有两对称设置的环形凹槽且当卷帘布卷绕至卷管上时卷帘布两侧边分别卷绕位于相对应的环形凹槽处	卷轴上具有对称设置的环形凹槽且当卷帘卷至卷轴上时卷帘两侧分别绕位于相对应的环形凹槽处	相同	不侵权
	所述定位件外径大于两卡条之间的间隙宽度	无卡条	无	
2	所述卷管组件包括卷管和插固在卷管两端的主动轮管塞及被动轮管塞	没有主动轮管塞，只有驱动轮管尾塞，驱动轮管尾塞相当于被动轮管塞	不相同也不等同	不侵权
	上述环形凹槽分别开设在主动轮管塞和被动轮管塞外露在卷管外的部位上且所述环形凹槽外径小于卷管管径，所述卷帘布宽度大于卷管长度	环形凹槽只开设于驱动轮管尾塞上	不相同也不等同	
3	所述定位件长度与卷帘布长度相同且定位件缝纫固连在卷帘布侧边	珠链长度与卷帘长度相同且珠链缝纫于卷帘两侧	相同	不侵权
4	所述卷帘布的两侧边沿各固定连接一裙边，所述的卷帘布通过所述的裙边横向固连于所述的定位件	珠链长度与卷帘长度相同且珠链缝纫于卷帘两侧	不相同也不等同	不侵权

续表

权利要求	技术特征	被控侵权产品	比对	结论
5	卷帘布下边沿连接有一横向设置的下杆，所述的边轨下端部固连有闷头，且在闷头上安装有带涡卷弹簧的钢丝线轮，钢丝线轮上缠绕有牵引钢丝且牵引钢丝一端缠绕固连在钢丝线轮上，另一端固连在下杆上	无	无	不侵权
6	主动轮管塞外端部连接有带挂环的摇杆齿轮箱，在挂杆上钩挂有垂直设置的摇杆	通过与驱动尾塞相连的牵引钢丝进行转动，而涉案专利没有牵引钢丝，转动的方式不同	不相同也不等同	不侵权
7	所述定位件为珠链、软牵引钢丝或尼龙绳	珠链	相同	不侵权

经过了上述的比对之后，我们认为涉案专利与被控侵权产品既不相同也不等同。

一审法院认为，实用新型专利权的保护范围以其权利要求的内容为准。权利人以从属权利要求确定专利权保护范围的，应当以该从属权利要求记载的附加技术特征及其引用的权利要求记载的技术特征，确定专利权的保护范围。本案原告以权利要求7中所引用的权利要求1并其后之区别技术特征所确定的保护范围主张权利，符合法律规定。涉案专利的权利要求7将权利要求1的“柔性定位件”限定为“珠链、软牵引钢丝或尼龙绳”。在现场比对中，双方当事人确认，涉案窗帘具有涉案专利权利要求1的全部技术特征并且涉案窗帘的定位件系拉珠线，被告认可拉珠线亦即球链。故本院认为，涉案窗帘的技术特征落入了涉案专利权利要求1和7所记载的技术特征确定的保护范围。

因为笔者在代理此案时，该案已经开过两次庭，且现场勘验阶段已经结束，故而原先当事人所发表的意见已经不能更改，在一审判决不利的情况下，二审开庭前我们做了证据保全，并且进一步重申了涉案专利和被控侵权产品之间的不同，最终的争议点变成了权利要求书里“两对称设置的卡条”是否等同于被控侵权产品的内轨，我们提起了上诉。

在二审中，笔者坚持认为被控侵权产品缺少“两对称设置的卡条”及卡条相关技术特征，并进一步作了如下论述。

权利要求1中，“两对称设置”是卡条的基本设置方法，是否采用“两对称设置”技术特征也是评价被控侵权产品与涉案专利权利要求1卡条是否一样的重要参考因素，因此我方认为我方的内轨并没有采用“两对称设置”的技术特征，理由如下：

（1）“两对称设置”，对称设置用语是不明确的，两个卡条如何对称设置，怎么对称设置，从权利要求书中根本无法得知。

（2）根据《最高人民法院关于审理侵犯专利权纠纷案件应用法律若干问题的解释》第二条和第三条的相关规定，对于权利要求书中技术特征的解释应当结合说明书及其附图，涉案专利整个说明书文字部分就两处提及了“对称设置”，一个是第0005段，另一个是第0025段，但是都没有提及对称设置的方法，因此我们必须结合附图才能明白对称设置的方法和位置。

（3）本领域技术人员通过阅读整个专利文献，只能从附图5获知两卡条对称设置的方法，最高人民法院在（2012）行提字第29号判决书中指出，解释权利要求时应使保护范围与说明书公开的范围相适应。

（4）附图5是唯一显示“两对称设置的卡条”的附图，从附图5我们可以看出，其卡条采用的是分体设置，数量为两个，一边一个卡进边轨内侧，两卡条缺一不可，其卡条之间的空隙必须借助边轨才能形成，而我们内轨采用的是一体成型的结构，且空隙是内轨自身形成，其从外轨中抽出，空隙仍然存在，故被控侵权产品的内轨并未采用涉案专利的两对称设置方法，进一步而言，卡条和内轨明显是两个不同的技术方案。

并且不能够根据等同原则将被控侵权产品的内轨等同于卡条（见表1–4）。

表1–4　卡条、内轨对比（1）

卡条	内轨
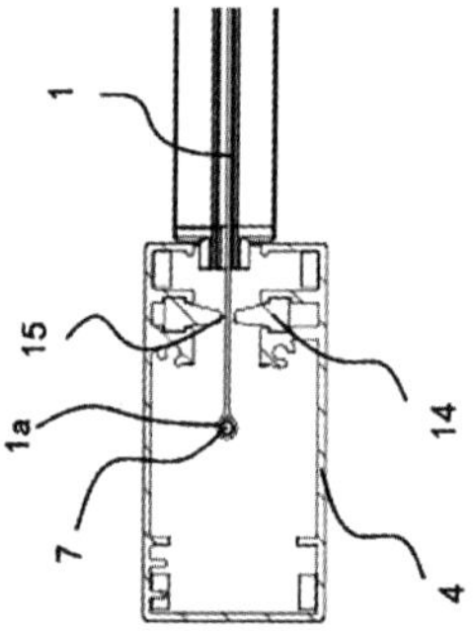	
数量为2个	数量为1个
对称设置在边轨两内侧	穿插在外轨内
薄片条状	柱状
利用两个卡条形成空隙	将内轨中设置凹槽形成空隙
只用于限位定位件，工艺复杂	不仅用于限位定位件，还增强了导轨强度，工艺简单

除未采取“两对称设置”的技术手段外，卡条和内轨还有如下区别：

同样是抗风，涉案专利主要是利用卡条及卡条之间形成的空隙来限位柔性定位件，进而起到抗风作用，而被控侵权产品是通过内轨来限位柔性定位件，这是两个明显不同的技术方案，如表1–5所示。

表1-5　卡条、内轨对比（2）

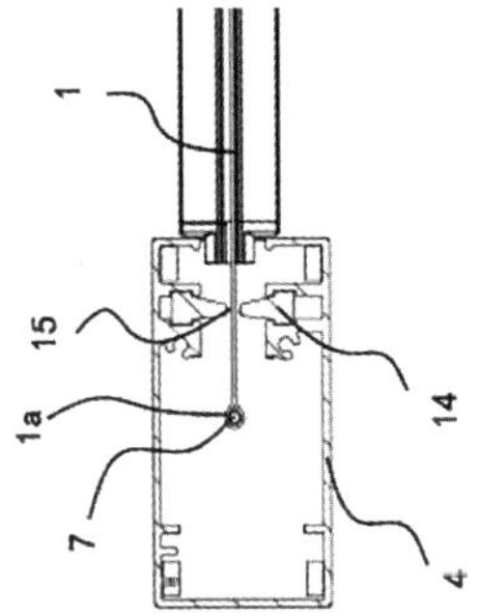 涉案实用新型横向局部剖面图	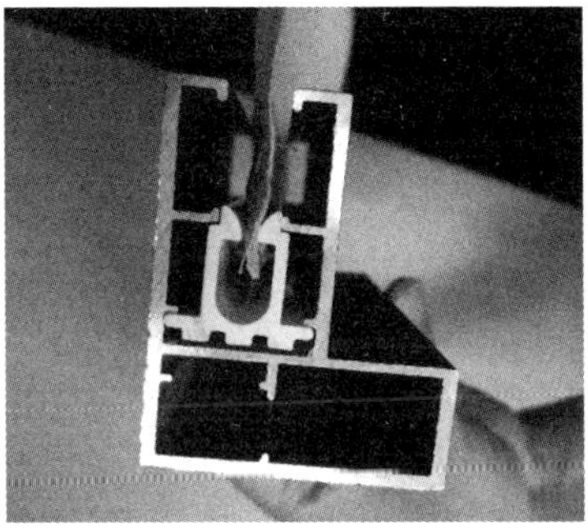 被控产品横向局部剖面图
1.装入两对称设置的卡条14、15 2.定位件外径大于两卡条之间的间隙宽度	1.无对称设置的卡条 2.缺失

从上述区别可以看出，被控侵权产品与涉案专利是两个完全不同的技术方案，产生了完全不一样的技术效果。

在考虑适用等同原则时，根据学界[①]的一些观点，其适用的宽严应当考虑专利的类型，从是否为发明点、是否为上位概念、专利文献是否给出技术启示来进行考量，具体来说，实用新型相对于发明而言，应当适用较严格的等同原则，涉案专利“两对称设置的卡条”既是发明点也是上位概念，应当适用较严格的等同原则，而本案中涉案专利也并未给出被控侵权产品内轨的技术启示，因此应当适用较严格的等同原则。

综上，我们认为涉案专利的卡条跟被控侵权产品的内轨是既不相同也不等同的两个技术特征，无法适用等同原则认定其一样。

二审法院认为被诉侵权产品不落入涉案专利权的保护范围，理由

---

① 袁秀挺、王翠平：《等同侵权的司法实践：原则、限制和案例——“专利等同侵权的司法认定”研讨会综述》，载《知识产权》2013年第8期。

如下。

从被诉侵权产品与涉案专利的技术比对情况来看，被诉侵权产品的“内轨”与涉案专利的“两对称设置的卡条”既不属于相同的技术特征，又不属于等同的技术特征，被诉侵权产品不落入涉案专利权的保护范围。

首先，被诉侵权产品的“内轨”与涉案专利的“两对称设置的卡条”属于不相同的技术特征。根据涉案专利权利要求书、相应的实施例所公开的技术方案内容并结合本领域技术人员阅读涉案专利说明书所能获得的认知来看，涉案专利的“两对称设置的卡条”应解释为：边轨内沿纵向装入有两个对称设置的卡条，且所述两个卡条之间形成有面朝卷布一侧的空隙。而根据二审庭审勘验结果，被诉侵权产品上功能与涉案专利“两对称设置的卡条”相对应的“内轨”为一体式结构，两卡头根部与内轨侧壁一体连接，内轨侧壁、底部与两卡头围成一个半封闭的空腔，在该空腔内容纳窗帘布的柔性定位件。内轨通过两卡头根部与侧壁连接处的台阶、底部向两边延伸出的翅片端部与边轨内相应位置处的卡接部件相卡接。故被诉侵权产品上的“内轨”从其结构而言与涉案专利的“两对称设置的卡条”不相同。

其次，两者不构成等同技术特征。从上文两技术特征的结构特征的比对可知，涉案专利权利要求具有“两个”卡条，而被诉产品的内轨为一体结构，结构上存在较大差异。涉案专利的“卡条”根部是整体嵌入内轨中设置的夹持部件中，而头部的卡头伸出夹持部件，形成悬臂梁结构，固定效果一般，在使用过程中容易产生松动，造成两卡条之间的间隙发生变化，因此在窗帘的使用过程中，可能造成窗帘布上升和下降运行不顺畅。而被诉侵权产品的内轨通过四个限位点进行固定，且限位点位于内轨头部和底部，能够最大限度地防止内轨在边轨中的松动，而且由于内轨一体化设计，两个卡头之间的间隙恒定，不会受到内轨松动游移的影响，因此在窗帘的实际使用过程中，窗帘布的上升下降运行的顺畅度能够得到保证，效果较好。且从涉案专利上的“卡条”技术特征变更成为被诉侵权产品的“内轨”技术特征，并非简单的直接替换，需要对边轨内的用于固定卡条的夹持部件重新设计。而夹持内轨的设计方案有很多种，被诉侵权产品在内轨的卡头根部设计了一个台阶，在内轨的底部设计了向两边延伸出的翅片，并在边轨的相应位置设计了卡接部件相卡接，达到了较好的技术效果，这需要付出一定的创造性劳动才能实现。综上，虽然被诉侵权产品的“内轨”在功能上与涉案专利的“两对称设置的卡条”相对应，但两者在结构、效果上并非基本相同，且亦非本领域的普通技术人员无须创造性劳动就能联想到的，因此两者不构成等同。

从某公司在后申请的2015××号实用新型专利来看，其将被诉侵权产品的一体化内轨作为其权利要求的“卡接结构”的两个实施例之一，足以反映出某公司在本案诉讼中，在其申请2015××号实用新型专利时，已经具有将一体化的内轨结构视作不同于涉案专利的“两对称设置的卡条”这一技术特征的意思表示，并进而获得相应的专利授权。因此如果再依据其主张，将被诉侵权产品的一体化内轨的设计方案纳入涉案专利的“两对称设置的卡条”的技术方案，则明显有违诚实信用和公平原则。

在这里有必要谈一下我的代理心得。某天早上8点左右，我的手机收到中国邮政EMS的短信提示，告诉我有一份从南京西康路发过来的快件即将到达。我只是习惯性地扫了一眼，然后便将手机装入手提包，继续在拥挤的地铁中思考当天即将在南京铁路运输法院开庭审理的一个著作权案件，并没有意识到这份快件有何不同。

开完庭回到所里已经中午了，我跟往常一样在前台查看我的信件，赫然发现了印着“江苏省高级人民法院”的邮件，我的小心脏不由得紧张起来，原来是它！

故事要从那天的一年前讲起，我已经记不得是在怎样的一个午后，接到了一个咨询电话，S公司是一家制造销售抗风窗帘的建筑公司，此前他们自行申请了一个发明专利，在实质审查过程中国家知识产权局向其发送了审查意见，其不知如何作答，想寻求更专业的帮助。

和S公司张总一行人的见面我记忆犹新，张总人高马大，快人快语，跳跃式思维，跟这类的当事人面谈要求律师不能有一丝分神，如果律师不能及时回答其问题，那么在一定程度上就宣告了面谈的失败。但好在这种情况我还能应付，第一次的面谈应该说是很成功，张总决定把其专利的申请事项交给我来处理。在替S公司处理专利代理事务的时候，我跟张总还有他们公司的工程师也接触频繁，对于其公司的产品也有了进一步的了解。

有一天，张总告诉我他们公司在某个建筑工程中制造销售的抗风窗帘被人起诉侵权了，而且原告的诉讼请求还不小，要200万元。他们需要我帮他们对原告的专利提起无效宣告，并且他们希望在答辩期内能够将宣告专利无效的材料提交给他们以便他们转交给法院，这样法庭就能够中止审理。

后来我按照当事人的要求迅速对原告的涉案专利提起了一个无效宣告，这是我们对原告涉案专利的第一次无效宣告。但是这次的无效并没有达到中止诉讼的目的，在S公司一审第三次法庭审理的时候，其决定聘请我作为他们新的诉讼律师，而此前的诉讼一直由S公司当时的法律顾问在负责。

道路是曲折的，前途也不光明，但自己接下来的案子就是再困难也要把它做完。我跟合作的杨律师决定对原告某公司的专利进行好好解析，由于距离第三次庭审的时间已经不多，我们得加班加点，在一个周六，我们把被控侵权的窗帘拆了装、装了拆，把涉案专利一字一句精读之后，发现S公司的窗帘跟原告的专利在窗帘两边的导轨上存在明显区别，于是我们得出了被告产品根本不侵犯原告专利权的结论。这是一个令人欣喜的发现，也是第三次庭审中我们代理的重点。

第三次庭审那天正好是世界知识产权日，法院特地把我们庭做了一个观摩庭，所谓观摩庭就是那种很大的可以坐很多技术专家等旁听的庭审，当然还有一个摄像机。经过了前两次庭审，法院第三次庭审的焦点已经在原告诉称的赔偿数额是否合理上，我们虽然想极力发表不侵权的观点，但是这已经不是合议庭想听到的，更重要的是这不是观摩庭想要展示给观众的内容。我们提交了被控侵权产品的实物，合议庭认为我们的取得方式不合法，我们发表了不侵权的比对意见。刚出法庭，我就建议一定要把涉案的被控侵权产品以公证的形式保存下来。事实证明，这是很有必要的一步棋。

第三次庭审后不久，我们就收到了第一次专利无效宣告的结果，专利复审委作出了维持专利权有效的决定，而在收到专利无效决定之后不久，法院的判决也出来了，一审判决S公司侵权，需赔偿给原告公司200万元。一时间，各个方面的因素对我们都极为不利，但这一仗必须硬着头皮打下去。不得不说的是，某公司的代理人是行业内非常有名望的一位代理人，但在那些辗转无眠的夜里，在那盏孤独的台灯下，我已经将律师的全部尊严押上，即使输了也要保持站立的姿势。

二审开始前，我们发起了对某公司专利的第二次无效申请，但我们的重点还是在二审的不侵权抗辩之上。二审中，我们将公证后的窗帘提交给法院，并认为一审中前律师的自认可以用该公证后的证据予以推翻，虽然某公司的代理人极力否认这份证据，但最终二审法院还是重新进行了侵权比对，我们不侵权的事实和理由得以全面展示。第二次庭审之后，已经是2015年年末，这个时候，张总也提出了让我担任他们2016年法律顾问的要求。那个时候我竟然有一丝莫名的感动，实际上二审的结果还没出来，但很显然当事人对我的工作是认可的。他们在这个时候提出，仿佛是在告诉我，二审即便败了，你依然是我们公司的法律顾问，怎么让人不感动！

二审第二次庭审之后，我依旧时不时地和张总交流案件，本来以为日子就会静静地在等判决中度过，但直到有一天S公司的法务告诉我一件事，那就是某公司在一审之后将被控侵权产品的导轨结构申请了专利，更重要的是这个新专利在二审第二次庭审之后得到了授权，而且新专利的导轨结构跟被控侵权产品完全一模一样。某公司这不是用自己的实际申请行为证明了被控侵权产品的导轨结构跟涉案专利是不同的吗？很快我们将某公司的这一新专利作为证据提交给二审法院，法院也很快做出了回应，决定在大年初八就这一证据进行质证。

二审第三次庭审时，刚进法庭，某公司的律师就对我说："王律师，你很敬业！"在庭审结束后，他又主动上来跟我握手。那个时候，我觉得这个案件对我的意义已经远远超出了输赢，没有比对手律师的认可更值得骄傲的事情了。

我为什么拿不出外观设计专利权检索报告

原告是一个外观设计的专利权人，该份外观设计于2006年申请、2007年授权。我作为原告的委托律师向江苏省某中级人民法院提起诉讼，案件受理后不久法官即给我打电话，要求我拿出外观设计专利权检索报告，我告知，外观设计没有检索报告，法官貌似同意了我的观点，而后隔了几天，说要求我出具外观设计专利权评价报告，然后我说该专利是2009年10月1日之前申请的，而外观设计专利权评价报告针对2009年10月1日以后申请的外观设计才能出具，法官貌似又同意了我的观点。隔了几天，法官又给我电话，说他刚给国家知识产权局打了电话，外观设计是可以出具检索报告的，我说不可能，于是我们俩就杠上了……总而言之，我们都很敬业，但毕竟说服法官是我唯一的工作，2009年10月1日以前的外观设计专利并不存在检索报告也不能出具评价报告已经是专利圈的基本常识，但真的遇到较真儿的法官，如何才能有效地说服，恐怕还要费些功夫，于是我开始认真地论证起我为什么拿不出外观设计专利权检索报告。

一、申请日2009年10月1日以前的实用新型有检索报告

最早是实用新型可以出具检索报告，这主要见于2000年《专利法》第五十七条第二款，2001年《专利法实施细则》第五十五条、第五十六条和《最高人民法院关于审理专利纠纷案件适用法律问题的若干规定》第八条第一款、第九条。从上述法条规定可以看出，在2008年修订的《专利法》施行之前，只有实用新型可以出具检索报告，该报告由国家知识产权局行政部门出具，而在涉及实用新型专利权纠纷的时候，该报告是原告起诉时必须提供的，并且如果检索报告未发现导致实用新型专利丧失新颖性、创造性的技术文献，即便被告在答辩期提了无效，人民法院也可以不中止诉讼。

二、申请日在2009年10月1日以后实用新型及外观设计有评价报告

2008年12月27日修订、2009年10月1日施行的《专利法》第六十一条第二款将外观设计纳入评价报告，并且将以前的“检索报告”改为“评价报告”，同时配套施行的《专利法实施细则》第五十六条、第五十七条对评价报告如何出具做了规定。

现行有效的《最高人民法院关于审理专利纠纷案件适用法律问题的若干规定》第四条对于检索报告和评价报告在诉讼中的区别做了很好的规定，特别要指出的是对于申请日在2009年10月1日以后的外观设计是可以出具专利权评价报告的。

具体来说，2009年10月1日，《专利法》（2008年）施行以后，评价报告相对于检索报告有如下四点修改：

（1）名称，由检索报告改为专利权评价报告；

（2）针对对象，从实用新型扩大到外观设计；

（3）请求人由专利权人扩展至利害关系人；

（4）专利权评价报告不再是专利权维权起诉时必须提交的，而是可以提交的。

三、外观设计根本没有专利法意义上的检索报告

1.“外观设计检索报告”并非法律术语，在新旧专利法里都没有规定。

2.不管是实用新型检索报告还是外观设计评价报告，新旧专利法及其实施细则均规定其出具的主体是国家知识产权局行政部门。换言之，如果不是由国家知识产权局行政部门出具的检索报告，即使被称为检索报告，其本身也是不具有法律效力的，只能作为参考。目前最常见的是由国家知识产权局专利检索咨询中心出具的检索报告，该中心为国家知识产权局直属事业单位，任何人都可以请求其出具检索报告，但这种检索报告显然不是专利法意义上的检索报告，虽然名称类似，内涵却大大不同。

3.无论是检索报告还是评价报告，均需要向国家知识产权局申请作出，国家对于此类申请已经有通用表格。对于专利权评价报告请求书，国家知识产权局仅对申请日（有优先权的，指优先权日）在2009年10月1日之后（含该日）的实用新型专利或者外观设计专利作出专利权评价报告。对于实用新型专利检索报告请求书，国家知识产权局仅针对申请日（有优先权的，指优先权日）在2009年10月1日之前的实用新型专利作出专利检索报告。而外观设计专利检索报告请求书是没有的，这算是从另一方面证明外观设计是不存在检索报告的。

四、我为什么拿不出外观设计专利检索报告

经过上面的论述，对于这个问题我可以简单地总结为：法律没规定，国家知识产权局不出具，原告没有法律义务提供。

什么是合法来源抗辩

合法来源抗辩，是指在专利侵权诉讼中，某些被诉侵权方如果举证涉侵产品来源合法，则可以不承担赔偿责任的一种专利侵权抗辩制度。

合法来源抗辩，规定于《专利法》第七十七条，其条文内容如下："为生产经营目的使用、许诺销售或者销售不知道是未经专利权人许可而制造并售出的专利侵权产品，能证明该产品合法来源的，不承担赔偿责任。"

据此，合法来源抗辩的构成要件如下。

（1）被诉侵权方是以生产经营为目的，这是个大前提，如果只是为个人的学习或者科研等，属于不视为侵犯专利权的情形，不适用合法来源抗辩。

（2）侵权行为的表现为使用、许诺销售或者销售，其中许诺销售是2008年《专利法》修订时新增的。只有这三个行为适用合法来源抗辩，而制造和进口专利产品的侵权行为不适用合法来源抗辩。

这里有必要将专利侵权行为做个梳理，根据《专利法》第十一条的规定，对于专利侵权行为总结如下。

专利方法的侵权表现：使用专利方法，使用、销售、许诺销售、进口该专利方法直接获得的产品。

发明、实用新型专利产品的侵权表现：制造、使用、销售、许诺销售、进口。

外观设计产品的侵权表现：制造、销售、许诺销售、进口（不包括使用）。

根据上述的总结，将以生产经营为目的可以使用合法来源抗辩的侵权行为总结如下：使用专利方法，使用、许诺销售、进口该专利方法直接获得的产品，销售、许诺销售专利产品，使用发明或者实用新型专利产品。

除此之外，使用外观设计产品不侵权（哪怕是以生产经营目的），制造、进口专利产品（包括依据专利方法直接获得的产品）绝对侵权。

（3）主观是善意的，这里的善意表现为不知道，事实上，合法来源抗辩最初就是善意第三人抗辩，其在我国《专利法》中最早的体现是1992年修正的《专利法》第六十二条："有下列情形之一的，不视为侵犯专利权：……二、使用或者销售不知道是未经专利权人许可而制造并售出的专利产品的……"但这一条对于侵权产品的销售者和使用者所给付的义务太小，因为不知道只是一种消极事实，销售者并不需要举证证明自己不知道，对于专利权人维权的举证义务要求太高。后来的2000年《专利法》修改正式确定了合法来源抗辩。实践中，专利权人为了证明销售者明知，往往会通过发律师函的方式，但在实务中有律师认为，在发律师函之后，哪怕销售者还在继续销售侵权产品，都不能证明销售者是明知的，因为侵不侵权是一个事实判断问题，如果仅仅因为有律师函，销售者就停止销售，那么由此带来的损失由谁承担呢？个人觉得这个观点是可取的。

（4）能证明来源合法，主要是购销合同、发票等证据。

在满足了上述要件之后，合法来源抗辩成立，销售者免除赔偿责任，但可能要承担其他民事责任，如立即停止侵权等。

"变劣发明"一词探析

在专利法里，"变劣发明"是一个经常被提起但是又缺少立法支持的术语，由此术语还衍生出"省略发明""改劣发明""改恶发明"等术语，本文一并讨论之。笔者认为除了"省略发明"属于中性词，其他几个术语均在不同程度上表达了贬义。

有学者认为“变劣发明”中的“发明”一词本身就有歧义，因为专利法所指的发明需要满足一定的条件。比如，实用新型专利和发明专利需要满足专利“三性”，而变劣后能不能满足专利“三性”尚存在问题。虽然有学者认为发明既可以指变劣行为本身，也可以指变劣前的专利发明，还可以指变劣后的技术方案。[①]笔者并不是很赞同，而认为“变劣发明”总体是一个名词，“变劣”既可以理解为动词也可以理解为一个形容词，其修饰的还是“发明”，因此“发明”理解为变劣后的技术方案较为妥当。

尹新天教授在其《中国专利法详解》一书中就明确指出，所谓“变劣发明”，是指被诉侵权人为了躲避承担侵犯他人专利权的责任，在基本上采用专利发明实质性内容的情况下，故意略去专利权利要求中个别必要技术特征，使其实施的技术方案变为在性能上和效果上均不如专利技术方案的变劣技术方案。[②]

笔者认为尹新天教授的解释基本上很好地阐述了“变劣发明”的含义，但是其定义是从侵权角度出发的，并且强调了主观故意，实际上对“变劣发明”一词又作了进一步限定。

笔者认为“变劣发明”这一术语本身并不涉及是否侵权，也不涉及“变劣”的方式，法律术语的含义应当不超过词语本身的含义。一般来说，专利法有专门的“技术效果”一词的用法，却鲜有技术性能的说法，因此“变劣”应当指技术效果的变劣，从另一方面来说，技术效果和技术性能虽然不能称为同义词，但是其重叠部分太多，基本上可以用技术效果取代技术性能。

综上，所谓“变劣发明”，其含义应当是指技术效果变差的方案，其本身既不涉及侵权判定，也不强调主观故意，而至于采用了何种“变

---

① 刘晓军：《变劣行为侵犯专利权之研究》，载《知识产权》2006年第4期。

② 尹新天：《中国专利法详解》，知识产权出版社2012年版，第475页。

劣”手段，则在所不问。

抵触申请和现有技术抗辩的关系

北京市第一中级人民法院知识产权庭编著的《侵犯专利权抗辩事由》认为不能援引抵触申请进行现有技术抗辩，[①]笔者认为这个观点过于绝对，有待商议。

所谓抵触申请，其法条依据来源于《专利法》第二十二条第二款关于新颖性的规定：“新颖性，是指该发明或者实用新型不属于现有技术；也没有任何单位或者个人就同样的发明或者实用新型在申请日以前向国务院专利行政部门提出过申请，并记载在申请日以后公布的专利申请文件或者公告的专利文件中。”其中分号后面即对抵触申请的规定。通常我们把这种损害新颖性的专利申请，称为抵触申请。

而现有技术抗辩来源于《专利法》第六十七条，其规定：“在专利侵权纠纷中，被控侵权人有证据证明其实施的技术或者设计属于现有技术或者现有设计的，不构成侵犯专利权。”

对于为什么不能援引抵触申请进行现有技术抗辩，笔者对法院给出的答案总结是：（1）现有技术抗辩并不是审查专利的新颖性，而抵触申请是评价专利的新颖性，两者法理基础不同；（2）现有技术不包括抵触申请。

上述理由看起来无懈可击，但如果假设有下面这么一个案例，不知道还能不能适用？

假设的案例：甲起诉乙专利侵权，涉案专利A申请日为2012年1

---

① 北京市第一中级人民法院知识产权庭编著：《侵犯专利权抗辩事由》，知识产权出版社2011年版，第38页。

月1日，授权日为2013年8月1日，乙主张现有技术抗辩，但是该技术源于丙的专利B，专利B申请日为2011年12月1日，专利B公开日为2012年8月1日，且丙在2011年12月1日就将该专利授权给甲使用，假设专利A和专利B完全相同，那么乙的现有技术抗辩能成立吗？

专利B申请在前、公开在后，专利B构成了专利A的抵触申请，如果根据前述观点，抵触申请不属于现有技术抗辩中的现有技术，因此乙的现有技术抗辩不能适用。抵触申请虽然不能作为现有技术抗辩，但是可以作为不侵权抗辩的理由，相关规定可以参照《江苏省高级人民法院侵犯专利权纠纷案件审理指南（2010）》的相关规定。

路灯外观设计侵权案件前期取证技巧

对于路灯外观设计侵权案件，前期取证大致有公证固定证据和律师自行取证两种，由于公证取证成本大，所以律师自行取证往往更适合大批量的维权。在律师前期取证中，比较重要的是将被控侵权路灯外观设计通过拍照的方式固定下来，但在实际的操作过程中需要注意的细节会更多。

笔者从亲身经历出发，将路灯外观设计侵权案件前期的取证技巧汇总如下，以飨各位读者。

一、器材准备篇

作为路灯外观设计侵权案件中必不可少的相机，可不是任意一部都能担此重任，由于路灯外观设计侵权需要比较被控侵权路灯的细节，因此相机的放大倍数就是不得不考虑的一个问题，目前相机大致分为单反相机和普通的数码相机两种，可能有人认为单反相机的拍照效果会更好，但实际上如果你采用的是15–55的标准头，拍摄路灯的表现可能就不是那么好了。笔者也是权衡再三，在实际比较之后，选择了数码相机。而数码相机又有光学变焦和数码变焦之分，一般来说数码变焦只是在可视范围内放大了物体，所以画面的质量相比正常情况较差，因此在选择数码相机时，最好选择带光学变焦的，而光学变焦自然越大越好。由于笔者之前未做过相关路灯取证，在实际取证中用的是数码变焦3–4倍的松下 DMC–FS7相机，明显有点捉襟见肘，在以后的取证中可能会考虑更换更好的光学变焦较大的数码相机。

除了相机，智能手机也是必不可少的工具，由于在某些路灯地段我们需要导航地图的帮助才能确定具体的位置，所以带着有地图的智能手机会让你的取证之路更加顺畅。考虑到地图导航需要联网，所以手机还要带有上网功能。如果是到网络信号不好的地方取证还要保证手机网络与当地的适配性。

计数器，作为清点侵权路灯数量的必备利器，价格便宜，淘宝上也就卖几块钱，但是我建议选择机械的计数器，第一不容易坏，第二按下去有响声，能提醒你记下了。

另外最好备个腰包，用来装相机、手机和一些零碎的钱物，因为有时候你可能把行李放在了旅馆，取证的时候若相机、手机塞在口袋里或者带个大包用来装这些东西又太麻烦，腰包取放东西方便，是取证时的首选。

二、路线、交通篇

路灯侵权地段很多都很分散，散落在各省市区，因此选择何种方式抵达就至关重要，就实际取证好几个城市而言，不外乎这么几种：

（1）先乘车到某个中转城市，然后一路包车；

（2）先乘车到某个中转城市，然后租车调查；

（3）自行驾车调查；

（4）城市与城市之间选择铁路或公共大巴，到某一个城市后包车或打车进行调查。

上述四种方式，前三种折腾最少、比较方便，但是第一种价格最贵，第二种和第三种人比较累，我选择的是第四种，而且是一个人完成。当初选择第四种方式的时候，我最大的担忧就是花费时间太多，当时计划6天跑5个城市，但实际上3天就完成了，主要是相邻的城市之间大巴还是有很多的，基本上每小时一个班次。而到了某个城市之后，基本上包车或打车的价格不到100元，所以和那种全天包车的相比便宜了不少。另外如果在城市里面做调查，电动车是首选（保证安全的情况下），优点是方便、快捷、便于拍照、价格便宜。

路线一般根据自己要调查的城市，实际查好。如果选择上述第四种方式，还要考虑到个别城市交通不是很方便的情况，这个时候需要多关注列车时刻表，了解最后一趟班次的情况，不然赶不上火车就滞留了。

三、取证注意点篇

对于路灯的外观样式，一般会拍一个侧视图和一个仰视图，俯视图我也是很想拍的，但实际上只有站在高楼上才可以，在很多路段不具有可操作性。

对于道路，路头一般会拍路口的交通指示牌、路口的自然状况，如果有标志性的建筑，也最好拍一下，在整个道路的清点过程中，对道路的交通指示牌、道路标识等也拍一下。有的一条道路路灯灯头是一样的，但是路灯的样式不一样，这个时候就要分段清点、分段计算，还有些路段可能有新旧路的交替，也要分别调查，因为可能是不同的施工单位建设的。

对于一些疑似侵权的路灯，最好也拍下进行统计，如果真的侵权了，那么也就省去了再一次的奔波之苦。

对于拍摄好的路灯，在整理的时候，建议对涉嫌侵权的路段用地图的方式标注出来，并且根据拍照的顺序，在地图的截图上标注出路头和路尾及路段的实际位置，这样结合所拍照片，相关侵权状况就一目了然。

四、总结篇

路灯外观设计侵权案件前期取证还是比较辛苦的，拍照及后期整理所花费的时间都非常多，而在实际的取证中，还要考虑到如何确保取证工作的顺利进行，如果是一个人取证，到了一个陌生的城市还要考虑人身安全问题。我曾在湖北某城市遇到一位特别好的司机师傅，第一天由他带着之后，第二天他都知道我要干什么了，看到有交通指示牌的位置就停下来让我拍照，后来我走的时候请他吃了顿饭，吃饭的时候真的是只吃饭不吃菜，人特老实。现在想想，人在旅途，能够遇到这样的人，也算是人生的一件幸运之事吧。

第二章　商标相关

什么是商标

我国《商标法》第八条规定："任何能够将自然人、法人或者其他组织的商品与他人的商品区别开的标志，包括文字、图形、字母、数字、三维标志、颜色组合和声音等，以及上述要素的组合，均可以作为商标申请注册。"

根据上述规定，首先商标必须是一个标志，这个标志既可以是可视性的，也可以是非可视性的（如声音）。其次商标要能够将自己的商品和他人的商品区分开来，这里的商品应当作广义理解，既包括有形商品，也包括无形商品（如服务）。最后商标可以表现为文字、图形、字母、数字、三维标志、颜色组合和声音或者上述要素的组合。

关于商标具体外在表现需要注意两点：第一，根据我国法律规定，单纯的颜色是不可以注册为商标的；第二，可视性标记和非可视性标记能否组合，如声音和文字能否组合，这种组合以什么样的形式共存，也是值得探讨的问题。

在我国理论界，学者们对于商标的定义也莫衷一是，如有人认为商标是商品生产经营者或者服务提供者为使自己的商品或服务与其他生产经营者、服务提供者的商品或服务相区别而使用的标记；[1]也有人采用了特别简单的定义方式，即商标简单来说就是商品的标志。[2]吴汉东先生认为，商标是指能够将不同的经营者所提供的商品或服务区别开来，并可为视觉所感知的显著标记。

而在域外法的视野里，TRIPs协定认为，商标是任何能够将一个企业的商品或服务区别于另一企业的商品或服务的符号或者符号组合。

经笔者梳理，在上述法律规定及学界观点中，对于商标的定义分歧主要体现在：（1）商标是否需要可视？（2）商标是标记还是符号？（3）商标区分的是什么？（4）商标是否需要显著性？

第一个问题在我国《商标法》修法加入声音商标后，答案已经明确，商标不需要可视。而第二个问题在第一个问题的基础上，显然只有标记才能囊括非可视性的声音商标。对于第三个问题，虽然立法和理论表示不同，但不可否认的是商标也能够区分服务。

对于第四个问题，笔者的看法是如果要想获得商标专用权，那么具有显著性是必需的，因为我国《商标法》第九条第一款明确规定申请注册的商标，应当具有显著特征。但是从立法和理论界来看，就笔者所查找的资料而言，只有少数人认为显著性是商标的定义所必需的，而显著性是否等同于区别性，虽然有人认为是等同的，但是笔者认为是不等同的，能够区别不等于一定具有显著特征。换句话说，我国《商标法》第八条所讲的"区别"和第九条第一款的"显著特征"不能画等号，这里的"区别"应当理解为能够区别，而不是显著地区别。

基于上述论述，笔者认为商标的本质在于：能够区分服务或商标

---

① 徐棣枫、解亘、李友根：《知识产权法：制度、理论、案例、问题》，科学出版社2011年版，第283页。

② 刘春田：《知识产权法》，高等教育出版社2010年版，第258页。

的标记。或者，这也可以算是对什么是商标的一个解答吧。

关于驰名商标的那些事

驰名商标是指在中国为相关公众广为知晓并享有较高声誉的商标。驰名商标的提法首见于《保护工业产权巴黎公约》1967年文本第六条。驰名商标保护的法理基础在于商标的淡化理论。

就域外法范围来说，与驰名商标有关的法律包括《保护工业产权巴黎公约》、TRIPs协定、《北美自由贸易区协议》、《卡塔赫纳协定》、美国《州立商标示范法》、《关于驰名商标保护规定的联合建议》等。

就国内法而言，我国关于驰名商标的法律法规包括《驰名商标认定和管理暂行规定》(已失效)、《驰名商标认定和保护规定》、《商标法》、《最高人民法院关于审理商标民事纠纷案件适用法律若干问题的解释》、《最高人民法院关于审理涉及计算机网络域名民事纠纷案件适用法律若干问题的解释》、《最高人民法院关于建立驰名商标司法认定备案制度的通知》等。

驰名商标的认定原则从主动认定、批量认定变为被动保护、个案认定。这种变化始于2001年《最高人民法院关于审理涉及计算机网络域名民事纠纷案件适用法律若干问题的解释》，该解释第一次明确规定法院可以认定驰名商标。在该解释生效后，第一件由法院认定的是Dupont商标。但实际上，中国第一件司法机关认定的驰名商标是四川省高级人民法院1992年在郎酒厂诉曲酒厂侵犯“郎酒”商标权一案中的郎酒商标；而我国行政认定的第一件驰名商标是1987年8月，原国家商标局认定美国必胜客“PIZZA HUT”为驰名商标；而我国国内的第一件驰名商标是1989年北京的“同仁堂”商标。

驰名商标既保护注册商标也保护未注册商标，我国司法机关认定的第一件驰名未注册商标为2006年内蒙古高级人民法院认定的酸酸乳商标。

驰名商标应当根据当事人的请求，作为处理涉及商标案件需要认定的事实进行认定。认定驰名商标应当考虑下列因素：（1）相关公众对该商标的知晓程度；（2）该商标使用的持续时间；（3）该商标的任何宣传工作的持续时间、程度和地理范围；（4）该商标作为驰名商标受保护的记录；（5）该商标驰名的其他因素。

驰名商标认定的标准：概括式单一标准，以法国、德国为主；列举式多重标准，以中国、美国为主。

商标法视野里的“标志”和“标记”有什么区别

我国《商标法》第八条对于描述什么是商标时用的是“标志”，但是理论界和学者观点多用“标记”，二者虽然含义和读音相似，但是其是否具有真正的区别，还需要仔细研究。

翻开《现代汉语词典》[①]分别找到了“标志”和“标记”的解释，其对“标志”的解释为：表明特征的记号或事物；表明某种特征。其对“标记”的解释为：标注上记号，作出标志；标志，记号。

从上述解释可以看出，“标记”和“标志”作为名词时，“标志”的含义囊括了“标记”，对于“标志”而言，不仅记号可以作为“标志”，而且能表明特征的事物也可以表示为“标记”。这样一来，“标志”的含义比“标记”更丰富一些，尤其当对应着声音商标和气味商标时，“标志”作为立法中采用的法律术语，更正式，也更合适。

法律术语除非被赋予特别的含义，否则对它的解释应当从语言

① 中国社会科学院语言研究所词典编辑室编：《现代汉语词典》，商务印书馆2012年版。

习惯的角度出发，而《商标法》似乎也惜字如金，不愿意对“标志”再做过多的解释，但《现代汉语词典》显然很好地弥补了这一不足。当我们弄清楚“标志”和“标记”的含义之后，这才揭开了商标法的冰山一角。

知名商品的特有装潢和其上的商标是否可分

2014年12月19日，加某宝、王某吉的红罐外包装装潢权对诉案在广东省高级人民法院一审宣判。加某宝公司被判构成侵权，立即停止生产并销售与王某吉红罐凉茶包装装潢相似或相同包装的产品，赔偿其所在集团1.5亿元及维权费26万余元。该案也被称为中国“包装装潢第一案”。

广东省高级人民法院对于该案裁判的主要思路如下：在王某吉商标许可前，在红罐罐身上突出使用王某吉商标就承载着巨大的商誉和价值，这种价值归属于某药集团，后来虽然加某宝方对于红罐王某吉的知名度作了提升，但由此产生的商誉仍然附属于王某吉凉茶，并且认为此时的“王某吉”商标已与红罐凉茶包装装潢的其他要素紧密结合、密不可分，一并构成本案包装装潢，某药集团在收回王某吉商标时，附属于涉案知名商品的特有包装装潢就应一并归还给某药集团。

基于上述的裁判思路，笔者概括成如下要点：

（1）红罐是属于某药集团的；

（2）涉案包装装潢的知名度作了提升；

（3）王某吉商标和涉案包装装潢密不可分；

（4）收回商标应当收回特有包装装潢。

其中最为核心的问题是王某吉商标和涉案包装装潢密不可分，这个问题直接导致了上述要点中对第（4）点的回答，这是整个裁判中最引人争议的问题，而笔者也尝试着对这一问题进行回答。

当我们说一件东西不可分，首先要考虑分离是否会破坏其原有价值，如果会破坏，那么法律一般禁止分离。

因此我们考虑商标和包装装潢是否可分的时候，一定要考虑分离后的结果，如果分离后，彼此都失去其独立价值，这种分割显然是法律所不允许的。对于知名商品特有装潢，笔者认为其作用存在一个演变过程，一开始只是起到装潢作用，但后来由于产品出名了，所以就起到了识别商品来源的作用，其本质是相当于未注册商标。

笔者认为决定商标和包装装潢是否可分的关键在于其分离是否发生识别商品来源错误或者根本不能起到识别商品来源的作用。如果分离之前和分离之后，未注册商标和注册商标所指向的商品来源没有发生变化或者还能起到识别商品来源的作用，那就是可以分离。否则只要有一个发生了变化，那就是不可分的。在加某宝和王某吉红罐之争中，如果分离，红罐黄字就会从指向某药集团的产品变成指向加某宝的产品，所指向的商品来源就发生了改变，分离之后，就会让公众无法区分到底是某药集团的产品还是加某宝的产品。所以笔者认为商标和包装装潢在这个案例中是不可分的。但是如果红罐黄字和商标同属于一个权利人，就不会发生让公众无法区分的情况，怎么分都是可以的。

商标许可终止后，后发商誉如何分配

无论是“红罐之争”还是“王某吉商标之争”，背后都涉及商标许可终止后，后发商誉的分配问题。

所谓后发商誉，是指“在许可他人使用该注册商标或者他人擅自使用该注册商标的时间节点之前，该注册商标还没有较高的知名度或美誉度，即还没有显著商誉。在该时间节点之后，或者是被许可使用人在后的被许可使用过程中的贡献所致，或者是在擅自使用该注册商标者在后的擅自使用过程中的效果所致，才使得该注册商标‘后发’产生了显著商誉，这种商誉即为后发商誉”[①]。

后发商誉强调被许可人对提升商标知名度的作用，让被许可人参与到后发商誉的分配中可以更好地激励被许可人最大化地使用商标，但是在商标许可终止后如果不能很好地分配这种后发商誉，纠纷就会产生，王某吉和加某宝之争就是典型的一例。

后发商誉的分配最核心的问题就是如何认定其价值以及如何进行合理分配。在王某吉和加某宝之争中，这个问题没有很好地得到解决，公众的同情心大多偏向了加某宝，最终看似王某吉取得了后发商誉，实则不然，在加某宝一系列强有力的营销策划下，大家似乎都“明白”了：加某宝才是王某吉。如果换个角度，在王某吉和加某宝商标之争时，如果王某吉能够通过后发商誉的分配给加某宝一定的补充，想必也能够占领舆论的高度，这才是真正赢得市场的商誉。

对于后发商誉的分配，很多学者提出了不同的解决方案。

第一种观点为：按照双方在金钱、劳动、时间、管理等方面投入的贡献大小进行合理分配。

第二种观点为：如果注册人与使用人并未约定商标增值的利益归属，那么双方就此可能构成无因管理、侵权或不当得利的法律关系。在无因管理的关系下，注册人如果受领商标的增值利益，则在所得利益范围内对使用人负偿还费用的责任，如商标虽然客观上增值，但对注册人造成损害，注册人可以依据侵权责任向使用人请求损害赔偿。商标增值对注册人可同时构成不当得利，注册人应当返还现存利益，

---

① 孙思栋：《商标许可“后发商誉”分割的经济学分析及分割方法探析——以“王某吉”商标许可纠纷案为例》，载《中南财经政法大学研究生学报》2013年第2期。

但此时若违反注册人计划，则属强迫得利而无须返还。[①]

笔者比较赞成第一种分配方法。有学者甚至用层次分析法（AHP）对“王某吉”商标的后发商誉进行了分割，最终得出了“某药集团对于王某吉商标增值的贡献比例为0.2469，某道集团对于王某吉商标增值的贡献比例为0.7531”的结论。[②]

在红罐之争中，虽然争的是红罐黄字包装的包装装潢，但是此种知名商品的特有包装装潢也是按照未注册商标对待的，因此累积在包装装潢上的商誉也可以按照上述分配方法进行分配。笔者虽然赞同红罐黄字包装装潢归于王某吉，但是觉得加某宝才是其商誉真正的贡献者。

如何宣告商标权无效

——以某公司字号被竞争对手抢注商标为例

W公司是一家从事家装设计的公司，后来其发现东莞某公司将其字号W注册成了商标，后W公司委托笔者要求将对方抢注的商标无效掉。

应当说这个案件的案情还是比较简单的，我们可以按照如下思路进行。

第一步，确定商标无效的理由

《商标法》第四十四条第一款规定：“已经注册的商标，违反本法第四条、第十条、第十一条、第十二条、第十九条第四款规定的，

---

① 刘晓春：《商标注册人与使用人分离时的利益冲突与解决途径——从“王某吉”商标之争说开去》，载《电子知识产权》2012年第6期。

② 孙思栋：《商标许可“后发商誉”分割的经济学分析及分割方法探析——以“王某吉”商标许可纠纷案为例》，载《中南财经政法大学研究生学报》2013年第2期。

或者是以欺骗手段或者其他不正当手段取得注册的，由商标局宣告该注册商标无效；其他单位或者个人可以请求商标评审委员会宣告该注册商标无效。”

《商标法》第四十五条第一款规定：“已经注册的商标，违反本法第十三条第二款和第三款、第十五条、第十六条第一款、第三十条、第三十一条、第三十二条规定的，自商标注册之日起五年内，在先权利人或者利害关系人可以请求商标评审委员会宣告该注册商标无效。对恶意注册的，驰名商标所有人不受五年的时间限制。”

本案中，涉案商标注册尚未满五年，且经过查询发现东莞某公司还抢注了其他公司的相关商标，所以无效理由最终被锁定在《商标法》第四十四条的不正当手段取得和第三十二条的侵犯他人在先的字号权。

第二步，收集证据，撰写商标无效宣告申请书（如下）

注册商标无效宣告申请书

（正文）

申请人名称：南京W公司

通信地址：（此处略）

法定代表人或负责人姓名：（此处略）

职务：（此处略）

被申请人名称：东莞某公司

地址：（此处略）

评审请求与法律依据：

1.评审请求：请求国家知识产权局依法宣告已注册的第26××××号W商标无效。

2.法律依据：《商标法》第四条、第七条、第四十四条第一款。

国家知识产权局：

南京W公司（下称申请人）依法对东莞某公司（下称被申请人）在第20类“椅子（座椅）；柜台（台子）；衣柜；餐具柜；垫枕；茶几；办公家具；画框边条；书桌；家具”上申请注册的注册号为第123号的W商标（以下简称争议商标）提出无效宣告申请，恳请贵委宣告该注册商标无效，请予裁定。

事实与理由：

一、案件基本情况简介

（一）申请人引证商标情况

申请人于2010年成立南京W公司。申请人于2015年7月23日申请注册“W”商标（下称引证商标），注册类别分别为16类、41类。经过国家知识产权局（下称国知局）商标局的实质性审查，第16类于2016年9月21日注册公告，注册号为×；第41类于2016年9月21日注册公告，注册号为×。同时，申请人也注册了“W网”“W通”“W宝”等围绕自己主营业务范围的一系列商标注册。

（二）被申请人商标注册情况

通过在国知局网站进行商标查询，可知被申请人自2017年8月至2019年11月已经存在55个商标注册申请。通过观察，被申请人申请注册的商标名称大多为同行业企业的网站名称及企业字号名称。

比如，被申请人申请注册的第42类“L网”商标，第35类、42类、41类、20类“L”商标，其中“L网”是深圳某网络公司旗下3D模型素材网站的网站名称。

再如，被申请人申请注册的第35类、第19类、第42类、第20类、第41类、第37类“T”商标，其中“T吧”是北京Y公司旗下网站名称。

被申请人申请注册的其他商标，其名称均为同行企业名下的网站名称。

本案中，被申请人于2017年9月6日申请注册第20类“W”商标（下称争议商标）。而该争议商标名称则是申请人企业名称的简称。

二、被申请人以他人企业的网站名称大量囤积注册商标，违反《商标法》第七条第一款规定

《商标法》第七条第一款规定："申请注册和使用商标，应当遵循诚实信用原则。"

本案中，被申请人发起的55个商标注册申请，绝大多数是对他人企业网站名称的抢注，且这些企业多是行业内具有一定知名度及拥有良好声誉的企业，被申请人大量囤积注册他人企业网站名称的商标，是一种扰乱市场正当竞争秩序的行为。

诚实信用原则是一切市场活动参与者均应遵循的基本准则。虽然本条款不在商标无效宣告申请的理由之列，但是依据人们内心道德的约束及交易习惯形成的商业道德感，应当推断出，任何人在进行市场活动时不得违背诚实信用原则。且《民法总则》第七条规定："民事主体从事民事活动，应当遵循诚信原则，秉持诚实，恪守承诺。"①此条款是民法基本原则的体现。商标领域不是法外之地，同样需要受到民法基本原则的约束。任何违背立法精神及法律目的的行为均不应该得到支持，任何扰乱市场秩序、妄图钻法律漏洞的行为均属于权利滥用。

虽然，争议商标与引证商标不构成类似，但是综合判断被申请人在2017年至2019年，大量以他人网站及企业字号名称进行商标注册申请的行为，其申请注册该争议商标的动机实在令人怀疑。我们可以合理推断，被申请人申请注册行为具有主观恶意，其行为违反了诚实信用原则。故，争议商标应予以宣告无效。

三、被申请人大量不以使用为目的地囤积商标，损害了商标注册秩序，违反了《商标法》第四条第一款规定

《商标法》第四条第一款规定："自然人、法人或者其他组织在生

① 诚信原则现为《民法典》第七条所规定。

产经营活动中，对其商品或者服务需要取得商标专用权的，应当向商标局申请商标注册。不以使用为目的的恶意商标注册申请，应当予以驳回。”

（一）被申请人有囤积商标的意图

根据申请人提供的证据可知，被申请人在2017年至2019年申请注册商标的领域都是行业内较为知名的3D模型网站或者游戏网站，被申请人以他人网站名称同时注册了大量类别，大有待价而沽的架势。这种行为一旦成风，则会倒逼合法权利人不得不多类别甚至全类别注册，进行事先的防御保护注册行为。

本案中，申请人在自己的主营业务上了很早就申请了“W”“W网”“W通”等商标，随着公司业务的开展，公司形成了一定的规模，在行业内具备了一定的知名度，且“W”这个名称也在行业内被人广泛知晓。“W”也用在了越来越多的商品和服务类别上。但是被申请人恶意抢注的行为，致使申请人无法将“W”商标的使用达到最优化的程度。可以说，申请人为了维护自己的合法权益不得不耗费大量的时间、精力及金钱进行维权。

被申请人恶意囤积商标的行为严重损害了不特定多数商标申请人的利益和社会公共利益。故，争议商标应予以宣告无效。

（二）被申请人的商标注册申请不是以使用为目的

被申请人大量申请注册多件与权利人的商标在不相同或者不类似的商品或服务上，且申请的注册商标并未有实际的使用行为，被申请人申请注册的商标服务类别与自己的主营业务也并未有直接的关联。

而且，被申请人大量以他人网站名称或企业字号申请注册与权利人商品或服务类别不同的商标的行为，不得归之于巧合。原因在于：被申请人申请注册的商标名称涉及多个行业领域内较为知名的网站及企业字号，作为业内同行，被申请人没有理由推脱其不知情。

本案中，申请人的“W”商标的两个字取之于申请人的企业字号，符合社会公众的称呼习惯。被申请人作为业内同行，在明知这一事实情况的前提下仍然申请注册该争议商标，其不以使用为目的恶意注册意图十分明显。故，该争议商标应该被宣告无效。

四、被申请人不正当竞争抢注行为，主观恶意明显，违反了《商标法》第四十四条第一款规定

《商标法》第四十四条第一款规定："已经注册的商标，违反本法第四条、第十条、第十一条、第十二条、第十九条第四款规定的，或者是以欺骗手段或者其他不正当手段取得注册的，由商标局宣告该注册商标无效；其他单位或者个人可以请求商标评审委员会宣告该注册商标无效。"

本案中，被申请人与申请人在先商标的商品或服务类别不构成类似，申请人无法用《商标法》规定的绝对或相对禁止的理由去进行保护。但是，申请人认为可以适用《商标法》第四十四条第一款规定的不得以其他不正当手段取得注册进行保护。

同一主体具有行业一定知名度的商标在多类别商品或服务上进行大量抢注的，在损害特定民事权益的同时，也损害了公共利益。被申请人申请注册的第20类"W"的争议商标是对申请人合法权益的损害，同时，也是对商标注册秩序的一种破坏。

被申请人利用多家知名网站的名称注册商标，在损害特定合法权利人权益的前提下，也会扰乱市场秩序，因为此种行为必然会引起权利人对自身权益的维护。权利人发起的正当维权，会引发大量商标异议、商标争议乃至行政诉讼，消耗大量宝贵的行政资源和司法资源，从而造成对公共利益的损害。

申请人认为，被申请人此种行为在一定程度上扰乱了商标注册管理秩序、不正当占用公共资源的行为属于以其他不正当手段取得注册的行为。故，该争议商标应该被宣告无效。

综上，申请人恳请贵委考虑申请人提交的理由及证据材料，根据

相关规定，宣告系争商标无效。

第三步，按顺序组织下述材料[①]提交国家知识产权局

需要提请大家注意的是，商标评审类文件的提交具有一定的顺序，可以按照下表进行。

序号	材料名称
1	注册商标无效宣告申请书（首页）
2	商标评审案件申请材料目录
3	注册商标无效宣告申请书（正文）
4	争议初步审定公告页和注册公告页复印件
5	申请人的主体资格证明文件
6	证据目录及证据材料

国家知识产权局的观点如下：

争议商标获准注册日期为2019年10月7日，根据法不溯及既往原则，实体问题应适用2013年《商标法》，本案的相关程序问题仍适用2019年《商标法》。申请人请求宣告争议商标无效所援引的2013年《商标法》第四条、第七条为总则性条款，其精神已体现于2013年《商标法》的具体条款中，我局将根据当事人的评审理由、提交的证据适用2013年《商标法》的相应具体条款予以审理。

争议商标为汉字“××”，与引证商标一、二“××”文字构成完全相同，且“××”并非汉语中的固有词汇，具有一定独创性，被申请人申请注册争议商标难谓善意。根据我局审理查明的事实，除争议商标外被申请人还申请注册了其他商标，上述商标与其他主体的在先商标相同或相近，被申请人亦未对其行为作出合理的解释或说明。我局认

---

① 部分文书范本可在国家知识产权局网站中查询。

为，被申请人具有抄袭他人商标的主观恶意，违反了诚实信用原则，被申请人的上述行为已扰乱了正常的商标注册管理秩序，有损于公平竞争的市场秩序。因此，争议商标的注册构成2013年《商标法》第四十四条第一款规定所禁止的以其他不正当手段取得注册之情形。

综上，申请人无效宣告理由成立。

对于存在大量抢注他人商标的商标权人，最好的无效理由就是《商标法》第四十四条的不正当手段取得，在本案中虽然也可以侵犯他人字号权为由进行无效宣告，但难度较大，所以选择合适的无效理由就显得尤为关键。

如何办理商标侵权案件

——以A公司诉B公司商标侵权案为例

美国A公司于2005年成立，创作了多款限量定制而手工精细的雪花球，并且经营有相关网站，同时在中国地区申请有图形商标，其核定使用范围在第21类玻璃制品上，但美国A公司对上述商标并没有实际使用。

由于美国A公司的产品主要是在中国以外的区域销售，南京B公司在其经营的水晶球中擅自使用了上述商标，于是美国A公司委托笔者进行维权。

笔者在接到本案时，恰逢当年11月，距离12月的圣诞节很近了，而雪花球产品的销售旺季又是在12月圣诞节前后，为了迅速打击侵权，笔者选择了先进行工商行政投诉。发起工商行政投诉，商标侵权投诉书样式如下。

商标侵权投诉书

投诉人：美国A公司

地址：（此处略）

被投诉人：南京B公司

地址：（此处略）

仓库地址：南京市江宁区××路××号仓库

投诉请求：

对被投诉人销售侵犯注册商标专用权的商品的行为进行查处。

事实与理由：

投诉人美国A公司于2005年在美国成立，主要从事雪花球的生产销售业务，并且经营有相关网站。

一、投诉人A公司是“C”商标和某图形商标的权利人

2013年5月14日，A公司将英文商标“C”在美国申请注册，注册号为123注册类别为第22、23、38、50类（美国CLS分类）。同时，A公司还拥有该商标的马德里注册证书，注册日为2016年9月30日，商标持有者所属条约缔约国为美国，注册类别为第28类（尼斯分类与基于NCL分类的商品及服务列表），雪花球、玩具雪花球、玩具水晶球、水晶球。马德里指定保护国家为瑞士、中国、英国、挪威等。

A公司将某图形商标在美国申请注册，注册类别为第22、23、38、50类（美国CLS分类）。该图形商标首次使用时间为2009年7月1日，首次在商业中使用日期为2009年7月1日。

在中国，A公司申请注册了“C”商标和该图形商标。

“C”商标的申请日为2015年11月19日，核定使用类别为第21类，该图形商标的申请日为2016年6月22日，核定使用类别为第21类。

二、被投诉人B公司具有侵权行为

投诉人发现被投诉人未经投诉人许可，在某网购平台经营的某旗

舰店和另一个网购平台上经营的某礼品旗舰店有销售侵犯投诉人注册商标专用权商品的行为。为了保全证据，投诉人申请广东省深圳市某公证处对侵权产品的购买及收货行为进行了公证取证。

（一）B公司使用了与A公司注册商标相同的商标

B公司在其店铺中的水晶球商品宣传页面上使用了与A公司的英文商标“C”相同的商标，在产品外包装上使用了与A公司涉案图形商标图形相同的商标。

（二）B公司使用商标的类别与A公司注册商标的类别相同

A公司的“C”商标和涉案图形商标的核准使用类别都是21类。

B公司在两个网购平台店铺销售的水晶球是一种玻璃艺术品、水晶工艺品。整个水晶球的材质包含玻璃、树脂、金属。一个水晶球由玻璃罩+树脂造景+金属底盘组成。A公司的“C”商标和涉案图形商标也是被使用在水晶球上的。

因此，B公司销售的水晶球与A公司注册并使用的21类物品相同。

综上，B公司属于《商标法》第五十七条第（一）项、第（三）项规定的侵权行为：未经商标注册人的许可，在同一种商品上使用与其注册商标相同的商标的；销售侵犯注册商标专用权的商品的。

三、B公司主观上具有侵权的故意

2015年12月29日，A公司向B公司发送过律师函，要求B公司停止和终止使用或者以其他方式提及“C”商标以及任何其他BiTe的商号和商标。2016年1月22日，B公司试图将A公司的“C”申请注册为商标，该申请于2016年12月1日被驳回。B公司在明知A公司对上述英文商标享有权利且上述英文商标为A公司的商号及域名的情况下，仍然在其商品上使用该英文商标，主观上具有攀附的故意，易造成相关公众混淆，误以为该商品是A公司的或者与A公司存在某种特定联系。

经过投诉人的调查，仓库地址为南京市江宁区××路××号仓库。

投诉人认为被投诉人销售上述商品的行为属于《商标法》第

五十七条第（一）项、第（三）项的侵权行为，被投诉人的行为足以给相关公众造成市场主体的混淆及商品来源的误认和误购，不仅损害广大消费者的合法权益，业已严重侵犯了投诉人享有的注册商标专用权，构成不正当竞争。

为维护投诉人的合法权益，根据《商标法》相关规定，特申请对被投诉人销售侵犯注册商标专用权的商品的行为进行查处。

在行政投诉之后，市场监督管理局将案涉仓库进行了查封，有效制止了侵权。在行政查处之后，笔者代理美国A公司起诉至法院。

被告B公司辩称：第一，被告属于正当使用。被告网店销售的雪花球（或称水晶球）内包装盒上标注的涉案标记即相关涉案图形是所售商品的自然形状的外形图，是对所售商品形状的描绘，使消费者从包装盒上就能直观地了解到商品的基本特征，使商品内外表里如一，让消费者能够一目了然。第二，被告主观上没有将涉案标记作为商标使用的故意，更没有侵害原告商标专用权的故意。第三，被告在先使用涉案标记，并在行业中产生了一定的影响，有权在原有范围内继续使用。第四，原告的涉案商标没有在中国使用，没有积攒商誉，即使认定被告侵权，因客观上没有造成原告的经济损失，被告也不承担赔偿责任。

针对被告抗辩的反驳：被控侵权产品侵犯了原告图形商标即涉案图形的注册商标专用权。

1.原告的图形商标即涉案图形不是通用图形，具有显著性。原告的图形商标选择了该图形的一个视角，从该视角来看，左右两边形状对称，且选择在右侧设计有阴影部分，并非左侧设有阴影或者说不设有阴影。因此，该商标不是通用图形，被告利用《商标法》第五十九条第一款通用图形作为抗辩理由不能成立。而被控侵权产品恰巧使用了与原告图形商标一致的右侧使用阴影的图形，属于《商标法》第五十七条第一款规定的在同一商品上使用相同商标的情形，构成商标侵权。

2. 原告的图形商标即涉案图形成功申请，具有显著性。原告的图形商标即涉案图形于2017年8月14日成功申请，恰好说明该商标具有显著性。

3. 被告的使用不构成在先使用。构成在先使用的前提是，该商标已经使用，也就是说该使用是商标性使用，而被告在庭审阶段承认了该使用并没有作为商标使用的主观意图。因此，其在先使用的抗辩理由不成立。

4. 被告使用的图形来源于其申请的外观设计。被告的法定代表人于2014年12月13日申请了春、夏、秋、冬四个产品的外观设计，其图形来源于该外观设计，而该外观设计在申请日以前已经被原告的在先著作权公开了。

法院裁判结果为：被告B公司在被诉侵权水晶球商品上使用涉案图形标识的行为侵害了原告涉案注册商标专用权。

原告A公司认为，被诉侵权水晶球商品上使用的涉案图形标识与原告涉案注册商标构成相同，被告B公司在相同商品上使用与原告涉案注册商标相同的商标，侵害了原告涉案注册商标专用权。被告B公司认为，被诉侵权水晶球商品上使用的涉案图形标识系商品自然形状而非商标性使用，且被告在先使用并在被诉侵权商品上标注了被告的身份信息，不会造成混淆误认，故被告不构成侵权。

法院认为，被告B公司在被诉侵权水晶球商品上使用涉案图形标识的行为侵害了原告涉案注册商标专用权。理由如下：

第一，根据《商标法》第五十七条第（一）项的规定，未经商标注册人的许可，在同一种商品上使用与其注册商标相同的商标的，属于侵犯注册商标专用权的行为。本案中，被告在其生产、销售的被诉侵权水晶球商品的包装盒上标注了涉案图形标识，该标识与原告涉案注册商标相同，被诉侵权水晶球商品与原告涉案注册商标核定使用的商品也相同，故被告B公司侵害了原告涉案注册商标专用权。虽然，被告提交的证据显示其在原告注册涉案商标之前，在某网购平台开设的某旗舰店中销售的水晶球商品包装盒上已经使用了涉案图形标识，但被告并不对该标识享有相关的商标权利，而原告于2017年8月14日注册涉案商标后，被告于2017年11月1日仍在两个网购平台销售使用与原告涉案注册商标相同图案标识的被诉侵权水晶球商品，被告未经原告许可的使用行为侵害了原告的注册商标专用权。

第二，《商标法》第四十八条规定："本法所称商标的使用，是指将商标用于商品、商品包装或者容器以及商品交易文书上，或者将商标用于广告宣传、展览以及其他商业活动中，用于识别商品来源的行为。"本案中，被告将涉案图形标识标注于被诉侵权水晶球商品的包装盒上，该标识与原告涉案注册商标相比，完全相同。被告认为，其使用的该标识系商品的自然形状，并非商标性使用。法院认为，原告已在第21类商品上核准注册该标识，体现了被诉侵权水晶球商品去除包装盒后在特定角度呈现的整体结构和造型，使用了色彩的明暗对比，呈现了立体、抽象和透视的效果，并非被诉侵权商品的简单自然形状。故法院对被告的该项抗辩理由不予采信。

第三，被告在被诉侵权水晶球商品上标注其名称、地址等身份信息并不影响其使用涉案图形标识构成商标侵权的认定。本案中，被告系在相同商品上使用与原告涉案注册商标相同的标识，被告在原告公证购买的被诉侵权水晶球上标注涉案图形标识，但并未标注其法定代表人张某所注册的商标。原告提交的在某网购平台公证购买的水晶球商品仅在包装盒内的《售后登记表》中标注了其法定代表人张某在香港注册的涉案图形商标。

第四，被告在其开设于两个网购平台的店铺的被诉侵权水晶球商品的销售页面展示介绍中标注了"C"商标的文字，而在被诉侵权水晶球商品包装盒上标注相似但不相同的文字，前者系原告的另一项在中国已注册的商标，被告法定代表人张某亦曾申请注册“C”商标而因被驳回、不予受理等已失效。被告的该种使用方式可以印证其使用原告涉案图形标识的主观意图。

第五，被告法定代表人张某所享有的四项外观设计专利权不能构成被告正当使用涉案图形标识的理由。被告所举证的“水晶球（春）”“水晶球（夏）”“水晶球（秋）”“水晶球（冬）”四项外观设计专利的授权公告日虽早于原告涉案商标的注册日期，四项外观设计专利权人均为其法定代表人张某，但张某所享有的该四项外观设计专利权公告图片展示的系四款水晶球产品实物的相关视图，与涉案注册商标有明显差异，不能构成被告正当使用涉案图形标识的理由。

如何提起确认不侵权之诉

——以苏州A公司诉王某确认不侵犯商标权案为例

苏州A公司是一家经营简约风格家具的公司，其在各地开设有多家加盟店。王某系苏州A公司的加盟商，“M”商标系A公司在第20类的注册商标，但其并没有在第35类注册，后王某在第35类抢注了该商标，抢注成功后随即对A公司发起各类商标侵权投诉，甚至发函要求A公司支付商标许可使用费。基于此情形，A公司委托笔者代理上述纠纷案。

本案中王某的行为也构成不正当竞争，但由于不正当竞争取证周期较长，故笔者决定先发动确认不侵权之诉，先拿到一份胜诉判决。

确认不侵犯商标权之诉，在相关商标法里并没有规定，实践中一般都是参照确认不侵犯专利权之诉的相关规定。

2009年《最高人民法院关于审理侵犯专利权纠纷案件应用法律若

干问题的解释》第十八条规定："权利人向他人发出侵犯专利权的警告，被警告人或者利害关系人经书面催告权利人行使诉权，自权利人收到该书面催告之日起一个月内或者自书面催告发出之日起二个月内，权利人不撤回警告也不提起诉讼，被警告人或者利害关系人向人民法院提起请求确认其行为不侵犯专利权的诉讼的，人民法院应当受理。"

根据上述法律规定，请求确认不侵犯专利权之诉的受理条件包括：（1）专利权人针对他人发出侵犯专利权的警告；（2）书面催告；（3）在合理期限内未行使权利。

我们先发送的书面催告律师函如下。

律师函

致：王某

××律师事务所受苏州A公司的委托，指派王晶律师处理A公司与王某之间的商标权纠纷，包括但不限于处理编号为2017082421×××的知识产权投诉事宜，本律师函的发送基于如下事实：

一、"M"品牌是A公司拥有的合法在先的权利，未侵犯王某的注册商标专用权

自2009年来，A公司一直致力于"M"品牌的宣传和经营。"M"品牌既包括注册商标的"M"也包括未注册商标的"M"汉字，其中注册商标"M"的使用核准在第20类，未注册商标"M"广泛使用在某宝网店、店铺装潢以及日常经营活动之中，这些使用不仅涵盖了第35类的使用，还包括了其他类别，上述使用时间均早于王某35类"M"商标的注册时间。

二、王某注册第35类"M"商标的行为属于代理人抢注

王某作为A公司的经销商，与A公司存在代理关系，在与A公司接触之前已经知晓"M"品牌的存在，在注册"M"商标之后，即针对A公司发起数起某宝知识产权投诉以及试图以高价将上述"M"商标许可

给A公司，种种行径，无不体现其注册的恶意。

根据《商标法》第十五条的规定，代理人抢注商标理应无效，A公司为了维护自身的合法权益，已经针对王某的第35类“M”商标提起商标无效。

三、王某的不正当竞争行为已经给A公司造成了很大的损失

王某为了实现恶意抢注的不正当商业目的，向A公司的其他经销商发布不当言论，并且不断投诉A公司合法经营的某宝网店，对A公司苦心经营所积累的商誉造成了很大的伤害，某宝公司对A公司部分商品的下架和删除也造成了A公司正常经营的困扰。

基于上述事实，正式函告王某如下：

立即停止恶意知识产权投诉行为，在收到我方律师函一个月之内，向A公司住所地有管辖权的法院提起争议解决的诉讼，否则我方将在一个月之后提起反诉，要求你赔偿所有基于不当抢注及恶意投诉等非法行为给A公司造成的损失。

其次提起确认不侵权之诉。

因王某在规定时间内没有起诉，故我方向法院提起了确认不侵权之诉。在诉讼中针对本案是否符合确认不侵权之诉的受理条件，以及是否不侵权，笔者发表了如下代理意见。

第一，本案是否符合确认不侵权之诉的受理条件以及本案的审理范围如何确定?

本案符合确认不侵权之诉的受理条件。2009年《最高人民法院关于审理侵犯专利权纠纷案件应用法律若干问题的解释》第十八条规定：“权利人向他人发出侵犯专利权的警告，被警告人或者利害关系人经书面催告权利人行使诉权，自权利人收到该书面催告之日起一个月内或者自书面催告发出之日起二个月内，权利人不撤回警告也不提起诉讼，被警告人或者利害关系人向人民法院提起请求确认其行为不侵犯专利权的

诉讼的，人民法院应当受理。”

目前确认不侵犯商标权、著作权等确认不侵犯知识产权诉讼的受理条件均是参照上述司法解释来进行认定的。根据上述司法解释，确认不侵犯商标权的受理条件应当包括：商标权人针对他人发出了权利的警告，被警告人对权利人发出了书面催告，权利人在合理期限内未行使权利。

在本案中，被告王某委托事务所于2017年7月18日向原告发出（2017）扬权律函字第480号律师函，该律师函认为原告在特许经营的商业管理、市场营销、广告等多处使用的“M”商标侵犯了其第115906×××号“M”商标，被告律师也认为其律师函权利警告的范围包含了“广告宣传”（2018年8月3日庭审笔录第15页倒数第四行），随后王某又以某宝、某信公众号投诉的方式再次向原告发出警告，无论是律师函还是某信公众号投诉，均表明被告认为原告在广告上使用“M”侵犯其商标权。尽管原告认为其在某信公众号上的使用虽然能起到广告的效果，但由于并不是提供广告宣传服务进而不落入被告涉案商标的专用权保护范围，但被告的上述律师函及知识产权投诉仍然可以视为一种权利的警告。

在收到被告的律师函及知识产权投诉后，原告委托本人于2017年8月30日发函给被告并于2017年9月6日通过EMS投递，要求其停止恶意的知识产权投诉行为，并在收到原告律师函一个月之内，向A公司住所地有管辖权的法院提起争议解决的诉讼。被告王某于2017年9月8日签收了上述律师函，但直到原告起诉之日，王某也没有提起相关商标权侵权之诉。

另外根据举轻以明重的法律解释方法，既然在权利人不撤回警告也不提起诉讼的情况下被警告人可以发起确认不侵权之诉，那么在权利人收到被警告人的书面催告两个月后不撤回警告也不提起诉讼并且继续进行权利警告，这是比前者更严重的情况，被警告人自然更可以发起确认不侵权之诉了。

因此原告认为，原告提起确认不侵权之诉符合相关法律规定。

第二，原告在某信公众号、某信头像及相关文章中使用“M”字样并不侵犯被告的注册商标专用权。

（1）根据某信公众平台的官方描述，其公众号是为媒体和个人提供的一种新的信息传播方式，以构建与读者之间更好的沟通与管理模式。公众号的名称主要用来区别不同的媒体和个人，并非区别商品及服务来源，也并非商标性的使用，自然不构成对被告注册商标权的侵犯。某信公众号的名称与头像本身不与商品和服务的提供有任何关联，而且原告使用自己的注册商标作为头像，并跟公众号名称一致，属于合理合法的使用。

（2）原告在某信公众号上使用“M”作为某信公众号的名称，时间远远早于被告商标的注册时间，属于原告的在先权利。

（3）原告在某信公众号中使用“M”商标的三个字对自己产品进行广告宣传，是对自己商标的合法使用，因被告投诉被删的文章就是对自己产品的宣传，并非属于被告商标核准的商品及服务，不可能构成公众的混淆，不侵犯被告的注册商标权。

一审法院判决如下：如查明事实所述，原告A公司创立“M”品牌，长期从事“M”品牌和室家具的生产和销售工作，其早在2010年即经核准注册取得第7417号“M”商品商标，其将自有的第7417号“M”商标作为某信公众号头像，并且将公众号名称命名为“M”和室、“M”沐木家或者在某信公众号文章中对其产品进行相应的描述，均系宣传推广其产品的正常商业行为，该种使用并不属于第35类广告服务，相关公众亦不会将上述标识作为识别广告服务的来源。王某认为A公司上述标识属于广告宣传行为，落入其注册商标专用权保护范围，系对商标分类的误读。更何况，原告在其某信公众号中发布相关文章，在文章标题或者内容中提及“M”字样属于合理使用其品牌名称的行为，并从使用方式来看，其描述性的使用实际并不发挥区分商品或者服务来源的功能，依法并不属于商标性使用，因此更谈不上构成对涉案第1590号“M”商标权的侵害，原告A公司请求确认其某信公众号名称、头像以及文章中使用“M”字样的行为不构成对王某涉案第1590号“M”商标侵害的主张成立。

一审判决后，对方没有上诉，目前该判决已经生效。

第三章　版权相关

版权和著作权的区别

对于版权和著作权，其实二者在很多时候没有区别。我国《著作权法》第六十二条更明确规定："本法所称的著作权即版权。"也就是说这里的著作权和版权意思一样。

但是当翻开一些知识产权学者、专家的著作时，我们发现著作权和版权可能还真不是一回事。比如，版权最早是和出版、印刷联系在一起的，有出版、印刷，才衍生出相应的权利。世界上第一部版权法叫作《为鼓励知识创作而授予作者及购买者就其已印刷成册的图书在一定时期内之权利的法》。

著作权这个概念是从日本引进中国的，而日本又是引自德国，但德国不叫著作权，而是叫作者权，这样一来，著作权实质上指的就是作者权。

不难发现，当版权法在某些国家被称作著作权法的时候，这些国家实际上已经在侧重保护作者的权利了，这与版权法一开始注重保护经济权利形成了对比，反映了对作者权利的尊重。

但是随着摄影技术、录音技术的发展，表演者渐渐成为著作权法中很重要的主体，而表演者本身却不能称为作者，这个时候用作者权法已经很难容纳这一新的法律主体。而相反，使用"版权"概念的国家则感到了便利，因为版权本身也有复制权的意味，对于摄影、录音而言不过是一种新的复制方式而已。

我们国家所颁布的法律文件中，有时使用版权，有时则使用著作权的概念。由此可以看出，在我国，著作权和版权的含义是一样的，但是当著作权特指作者时，则含义有所区别，但无论是版权还是著作权，其保护的都是作品本身，不过是殊途同归而已。

如何办理著作权侵权案件

——以南京A公司与上海B公司侵犯著作权案为例

南京A公司是一家经营3Dmax模型的公司，其通过在网站上售卖用户上传的3Dmax模型获利，上海B公司同样也是一家经营3Dmax模型的公司，其将从A公司的网站下载的模型上传至自己的网站进行售卖，A公司认为B公司此举侵犯了自己3Dmax模型的著作权，故而委托笔者代理此案，为其维权。

本案中涉及的几幅3Dmax模型系A公司根据2D设计图纸利用3Dmax软件绘制而成，虽然A公司并未得到上述2D设计图纸权利人的授权，但是笔者认为3Dmax本身的绘制具有独创性，相对于2D设计图纸而言，3Dmax模型属于演绎作品，可以独立地受到保护。必须说明的是，此类案件在诉讼时并没有在先的判例，因此如何说服法官难度较大。可惜一审法院并没有认同笔者所提出的3Dmax模型属于演绎作品的观点。

一审法院认为原告利用3Dmax设计工具软件对其从网上下载他人平面设计图片进行转换的行为属于对原作品在虚拟空间中的复制，是设计（技术）人员运用设计工具软件 ，在虚拟空间以不同展示方式复制原平面设计图片的行为。本案原告的转换行为 ，属于在虚拟空间中对原平面设计的广义复制，即虽不同于作品原来形式（平面设计图），但仍是原作品以其他形式的再现，并无创造性体现。

且一审法院由于原告所利用的2D平面图并未得到著作权人的同意，因此认为构成非法使用，基于此使用所产生的成果也不受法院保护。

一审判决后，为了论述3Dmax模型文件有独立受保护的空间，我们特别制作了一个3Dmax建模的短视频提交给了二审法院，并且重点阐述了下列观点。

第一，3Dmax模型文件具有独创性，并非是对2D平面图的转换复制，主要体现在以下几个方面。

1. 3Dmax模型文件多视角表达2D平面图未表达的部分具有独创性。2D平面图只能表达一个视角，而3Dmax模型文件可以从上、下、左、右多个视角进行表达。在3Dmax模型文件中，为了保证每一视角的正常展示，建模人员需要将2D平面设计图中被遮挡的部分一一设计出来。也就是说，在建模过程中，建模人员需要自行构思、创设2D平面图中隐藏省略的场景。这就需要依赖建模人员根据自己的观察、理解、情感等进行构思创作，如沙发的侧面、椅子的背面、花瓶中的花、桌子上的书等，这些2D平面图中未能展现全貌的物品，都是依赖建模人员独立将其创作完成的。

2. 3Dmax模型文件中形成的材质库具有独创性。平面设计图仅能体现出室内设计物品的颜色、大小、整体效果，而不能确定室内设计物品具体是用什么材质制作的，即便是同一颜色的物品也可以借由不同的材质进行表达。因此不同的建模人员选择的材质并不相同。

3Dmax软件并不自带材质库，建模人员需根据自己对2D平面设计图的理解选择材质自行设计。针对同一个2D平面图，每一个建模人员的材质库都不相同。在建模过程中，建模者需要依据自己的积累，根据自己的思考与理解选择相应的素材。由于建模人员的材质库不同，从而最终配合3Dmax文件形成的材质库也不同，这个过程也展现了建模人员创作3Dmax模型文件的独创性。

3. 3Dmax模型文件的建模步骤具有独创性。不同于一般意义上的“临摹”，3Dmax模型文件的创建过程是在3Dmax软件中完成的，其建模步骤的路径可以完整地被软件记录下来，而这些被软件记录下来的步骤是属于可复制的，且由于建模方法多种多样，有线条建模、几何体建模等，所以不同的建模人员根据同一幅2D平面作品所创建的3Dmax模型在文件中的步骤是完全不一样的，具有个性化的表达在里面。

而传统意义中的临摹，其过程不可复制，一般也无法被载体所记录，所以缺乏可复制性，其形成的最终作品跟原作品相比又难见区别，所以一般不具备“独创性”中“创”这个要素，不会被认定为作品。

第二，涉案四幅3Dmax模型文件属于演绎作品，即使未经著作权人的许可，在一定程度上也应受著作权法保护。

必须指出的是，虽然涉案的部分3Dmax模型文件其所依据的2D平面图片未得到权利人的许可，但上诉人制作3Dmax模型文件的行为并没有损害2D平面图片的原有价值，这是因为涉案的2D平面图片主要由设计公司根据业主的要求进行设计，其价值是业主按照该设计平面进行装修所得到的家居效果，在家装完成之后，该设计图的主要价值即发挥完毕，虽然其具有一定的美学意义，但2D图片本身在网络的传播行为更多的是用于设计行业的交流。

而3Dmax模型则是在上述2D图片交流的基础上提供了一种更为直观、便捷的设计方式，对于设计行业的从业者而言，其下载3Dmax模型主要是将其中的元素提炼出来进行创作，而这种创作行为已经并非原来2D设计图片的主要功能。从这个方面来说，3Dmax模型的创建行为并没有造成原有2D设计图片价值的贬损。

涉案的3Dmax模型在2D设计图的基础上，以完全不同的形式重新演绎了2D设计图，上诉人认为根据著作权法的相关规定，案涉的

3Dmax模型属于演绎作品无疑。

一审法院以“侵权行为本身并不能产生合法之利益”为由，全盘否定权利人应当享有的合法利益未免过于绝对。从结果来看，未经许可演绎人投入了智力劳动，具有独创性，且创作的作品是可被客观感知的外在表达，其符合著作权法对作品的规定。《著作权法》第十二条[①]规定，改编、翻译、注释、整理已有作品而产生的作品，其著作权由改编、翻译、注释、整理人享有，但行使著作权时不得侵犯原作品的著作权。该条仅规定不得侵犯原作品著作权，但未明确规定侵犯了原作品著作权的部分就不能获得著作权法的保护，并未禁止未经许可演绎作品的著作权取得。因此，侵权事实的存在并不能成为未经许可演绎作品著作权取得的消极条件，且本案中，上诉人制作3Dmax模型文件的行为并没有损害2D平面图片的原有价值，也没有实质损害2D平面图权利人的利益。未经授权而创作的演绎作品不等于是非法作品，其也应该受到著作权法的保护。

关于未经授权创作的演绎作品著作权的认定问题，在案号为（2007）海民初字第22050号的案件中，北京市海淀区人民法院认为，依据《著作权法》的规定，翻译权归原作品的著作权人享有，原著作权人可以许可他人行使翻译权，未经他人许可进行翻译的，构成侵权。翻译已有作品而产生的作品，翻译人享有翻译作品的著作权，但行使著作权时不得侵犯原作品的著作权。原告对歌词进行翻译虽然未经相关著作权人的许可，是建立在侵犯他人著作权的基础上的，存在权利上的瑕疵，但仍是创作活动的产物，本身有一定的原创性。尽管相关歌曲的原作者有权起诉原告侵权，原告亦可能因此对歌曲的原作者负民事赔偿责任，但有关的演绎作品仍属于受著作权法保护的作品，只是有一个保护度的问题。即原告对翻译作品的著作权虽不能主动行使，但当制作公司

---

① 已修订为2020年《著作权法》第十三条。

制作、出版社出版的产品侵犯其对翻译作品享有的著作权时，原告可以被动行使著作权，禁止他人侵犯其对翻译译文享有的权利。另外，制作公司、出版社非法使用原告的翻译作品时，获得了原告因创造性劳动而产生的那部分价值，而原告基于应受法律保护而受有损失，由于一方获利与一方受损之间存在因果关系，故制作公司、出版社应按照民法上不当得利的相关规定向原告返还其因此获得的利益。但原告要求赔偿30万元，数额过高，法院将综合考虑原告译文属于非法演绎作品的性质、二被告使用的具体情节、主观过错等因素，酌定二被告应支付的赔偿数额包括合理费用，对原告超出部分的诉讼请求不再予以支持。

在案号为（2015）杭西知民初字第226号的案件中，浙江省杭州市西湖区人民法院审理认为：演绎作品是在已有作品的基础上经过创造性劳动而派生的作品，既包含已有作品的表达，又有新的创作，其著作权基于新的创作而产生。故在演绎作品中，至少存在两个著作权：一是已有作品的著作权，二是进行演绎创作的作品即演绎作品本身的著作权。就演绎作品的著作权而言，其权利范围不延及已有作品，仅及于再创作部分。从第三人角度而言，演绎作品著作权人与已有作品著作权人各自的权利形成对演绎作品的双重控制权。若第三人只是使用了演绎作品中的再创作部分或已有作品部分，相应地则不构成对已有作品著作权或演绎作品著作权的侵犯。若第三人完整地使用了演绎作品，则须同时取得演绎作品著作权人和已有作品著作权人的许可。

第三，被上诉人使用上诉人建好的3Dmax模型文件用于自身经营构成不正当竞争。

上诉人经过多年经营发展，已在行业内具有一定影响力。被上诉人的法定代表人曾就职于上诉人处，被上诉人的法定代表人从上诉人处离职后自行创办公司，即本案被上诉人。被上诉人与上诉人同属一个行业，双方的商业经营模式相似，属于同行业的竞争者。然而，被上诉人擅自使用上诉人制作的3Dmax模型文件用于自身经营的行为已经违反了经营者在生产经营活动中应当遵循的自愿、平等、公平、诚信原则，其没有遵守法律和商业道德，构成不正当竞争。

从上诉人公证的过程来看，2018年7月16日，上诉人在自身经营的某网站上传了6幅3Dmax模型文件，其中的4幅在没有标注权利人等相关信息的情况下，于2018年7月17日出现在了上诉人的网站上。被上诉人未经许可使用上诉人创作的3Dmax模型文件用来经营获利，可见，被上诉人构成不正当竞争。

3Dmax模型文件的创作过程比较烦琐，需要耗费大量的时间和精力。上诉人为此聘请了专业的建模人员来创作3Dmax模型文件，投入了大量的时间、金钱和人力等成本。而被上诉人则直接盗取上诉人的3Dmax模型文件，在不需要投入大量成本的情况下，利用上诉人的作品进行获利，是一种扰乱市场秩序的行为，被上诉人构成不正当竞争。

二审法院最终支持了我们的上诉理由，认为：A公司主张的涉案3D模型文件属于演绎作品，且A公司对其享有著作权。

首先，A公司主张的涉案3D模型文件属于著作权法意义上的作品。《著作权法实施条例》第二条规定，著作权法所称作品，是指文学、艺术和科学领域内具有独创性并能以某种有形形式复制的智力成果。本案中，A公司主张权利的涉案3D模型文件在制作过程中包含了制作人员的创造性劳动，亦注入了制作人员在制作过程中有所选择和有所取舍的智力表达，应当认为属于著作权法意义上的作品。3D模型文件的部分表达与2D作品保持一致，并非否定该3D模型文件属于作品的理由。如果3D作品的制作过程在延续原2D作品中表达的同时还包含制作人员独立付出的创造性劳动，系制作人员智力活动基础之上的产物，则该3D模型文件在制作过程中，至少在以下步骤或环节中需要制作人员付出创造性劳动：（1）对于建模方法的选择。目前的建模方法包括基础建模、复合建模和多边形建模等多种方式，而在基础建模中，又包括线条建模和几何体建模，选择不同的建模方法直接决定了后续的建模操作的差异。（2）对于2D作品中相关物品进行3D建模。不同物品的3D模型需要制作者利用3Dmax软件进行从无到有的选取和确认，在所有物品建模完成以后，需要择定物品具体材质贴附到物品模型之上，以使其呈现的外观与2D作品保持相似。在实践操作中，不同的设计人员基于个性化的理由和诠释，也可以收集保存不同的材质库，不同的设计人员对同一个2D作品中的物品，在3D作品的设计和制作过程中也可能会选择并不完全一致的材质。（3）进行灯光及光影效果的模拟制作，其中主要选择和确定光源类别及灯光强度和角度，以实现3D作品在与原2D作品视觉效果保持一致以外的拓展与丰富。（4）在上述制作过程中，对所有物理参数、物品大小、灯光强度等数值或比例要素均可进行选择并进行调整，不同的制作人员就此可能会有不同的设计思路并衍生出不同的设计方案和设计效果。综上，3D模型文件的制作过程中包含了制作人员所独立付出的创造性劳动，其并非简单的复制行为，属于著作权法意义上的作品。

其次，A公司主张权利的涉案3D模型文件属于演绎作品，且A公司对其享有著作权。所谓演绎作品，是指在已有作品的基础上经过创造性劳动而派生出来的作品。演绎作品是传播原作品的重要方法。演绎作品虽然是原作品的派生作品，但并不是简单复制原作品，而是以新的思想表达形式来表现原作品，需要演绎者在正确理解、把握原作品的基础上，经过创造性的劳动产生新作品。演绎作品的产生方式主要包括改编、翻译、注释、整理等。

本案中A公司主张权利的3D模型文件属于对原2D作品的改编，是3D制作人员在原2D作品的基础上，利用自己的3D制作技能，结合对原2D作品的理解，通过创造性劳动产生的新作品。3D模型文件制作人员在制作过程中对物品的建模，对材质、灯光等的选择、取舍、安排均体现了其智力劳动成果。虽然3D作品是在保持在先作品即原2D作品表达原意的基础上制作的，但对于2D作品表达的还原，应当属于3D作品表达中的一个组成部分，3D作品所呈现出的是基于三维维度的表达，在表达的形成、表达的方式、表达的手段和表达的效果上，系在延续原2D作品表达元素基础上的丰富与发展，与原2D作品具有很大的差异。

最后，关于3D与2D作品的不同表达及表达范围、边界问题，可以同心圆为例予以说明。对于两个部分空间重叠而空间面积大小不一的同心圆而言，对于居于内部中间的小圆形图案所包含的空间部分，可以理解为原2D作品的表达范畴，这也是原2D作品经由创造性劳动过程所产生的表达范畴，可以视为第一层面的表达；而外圈大圆形图案的空间部分则由两部分组成，分别为其中内部小圆形图案空间部分和小圆形图案的边界外侧周边的环形图案空间部分。3D作品的表达是在中间内部小圆形图案即原2D作品表达范畴的基础上，另外增加经过3D作品制作人员创造性劳动后进而发展形成的新的表达部分，即小圆形图案周边的环形图案空间部分，该部分可以视为第二层面的表达；第二层面的表达和前述第一层面的表达共同组成了第三层面的表达，第三层面的表达即3D作品的表达范畴，由此可见，3D作品与原2D作品之间并非属于完全相同的表达，而是在原2D作品基础上进行的新的演绎行为、新的创作活动，蕴含了有别于原2D作品的新的表达。

计算机单字能否构成著作权意义上的作品

一、计算机单字及其特殊性

所谓计算字单字，是指利用计算机，借助字库软件，实现某种风格字体单个字输出的形式。这里讨论的单字仅限于汉字。

与人书写的字相比，计算机单字具有如下特殊性：

（1）同样的字无论输出多少次，都能够保证表现形式完全一致。

（2）不同的人利用同一字库软件，都能够实现完全相同的汉字输出。

二、书法单字被认定为作品的先例

如果仅讨论书法作品，单字得到著作权法的保护是毫无疑问的。在我国，书法作品是放在美术作品这个大类下进行保护的。根据我国《著作权法实施条例》第四条的规定：美术作品，是指绘画、书法、雕塑等以线条、色彩或者其他方式构成的有审美意义的平面或者立体的造型艺术作品。而实务中也不乏书法作品单字得到著作权法保护的案例。

比如，在任某昌诉李某本案中，任某昌所书写的“寿”字就被认为属于著作权法保护的作品。

再如，关某升诉道某斯公司案中，法院在判决书中指出，道某斯公司未经原告许可，将原告的“道”字书法作品用于其商业标识，在其广告、商业招牌、互联网网页上使用，其行为侵犯了原告对其作品享有的复制权、发行权以及信息网络传播权。

三、计算机单字能认定为作品的理由

对于计算机单字是否构成著作权意义上的作品，无论是在理论上还是实践中都存在着很大的分歧。这个问题之所以产生，也正是基于计算机单字的特殊性。

理论上的争论主要集中在计算机单字是否构成美术作品，如果构成，那么就属于著作权法里的作品，进而得到著作权法的保护，否则得不到保护。而在实务中认为计算机单字属于美术作品的判例最为典型的莫过于北大某正诉潍坊某星案，北京市第一中级人民法院认为，该字库中的字形是某正公司独立创作完成的文字的数字化表现形式，是由线条构成的具有审美意义的平面造型艺术作品，属于我国著作权法规定的美术作品，受我国著作权法的保护……

而在某正诉某洁案中，北京市海淀区人民法院则走上另一个极端，完全否认计算机单字构成美术作品的可能性：无论达到何种审美高度，字库字体始终都带有工业产品的属性……其中的单字无法上升到美术作品的高度。

计算机单字虽然和书法作品存在某些区别，但不可否认其属于知识产品的属性，第一它属于私权，第二它是一种无形财产权。同时计算机字体不发生有形控制的占有，不发生有形损耗的使用，不发生消灭知识产品的事实处分与有形交付的法律处分。应当说计算机单字是一种新的知识产品，应当得到知识产权法律的保护。但单就著作权法而言，计算机单字要想符合美术作品的定义，还要符合独创性的要件。

四、如何判断计算机单字的独创性

所谓独创性，是指作品独立构思而成的属性。判断计算机单字是否具有独创性和判断书法作品单字没有太大差异，判断方法应该是总体把握、个案判断。跟英美法系相比，大陆法系对于作品的独创性要求本来就很高，而汉字又属于公共领域的资源，在此基础上对单个汉字的改造，应当在满足其表情达意的基础上把握较高的独创性标准。如果不能让人识别，我们无论如何都不能把它称之为字。这里需要指出的是，草书作品之所以具有很高的艺术性，是整体上的艺术价值体现，但就一个字而言，草书作品的单字应当能够被识别才有可能被当作著作权话语的作品，进而受到著作权法的保护。

文化的传承，使得每个汉字的结构、笔画都已经被确定了下来，如果仅对单个汉字进行简单的缩放、拉伸、旋转或颜色改变，应当认为与现存的汉字实质上相同，这种设计不应当成为著作权法保护的作品。因此，在判断字体独创性上应当严格把握下面两个判断原则。

（1）字体应当具有较高的创造性才能够构成著作权意义上的作品。我国司法解释曾明确指出，原创性包括独立完成和创造性两大要求。《最高人民法院关于审理著作权民事纠纷案件适用法律若干问题的解释》第十五条规定："由不同作者就同一题材创作的作品，作品的表达系独立完成并且有创造性的，应当认定作者各自享有独立著作权。"

这种创造性应当体现设计者的智力劳动成果，和现有汉字存在明显区别。之所以强调"明显区别"，是因为独创性本来就是指独一无二的创造，具体来说，是指作品是独立构思而成的属性，作品不是或基本不是与他人已发表的作品相同。而世界知识产权组织也曾做过解释：独创性是指作品属于作者自己的创作，完全不是或基本不是从另一作品抄袭而来。具体到字体的设计上，字体设计人是根据已有汉字来进行创作，其设计的最基本理念就是与现存汉字存在区别，而不是硬生生地造字。因此，这种区别应当是很高的，如果很低微，显然会产生对汉字垄断的结果，那么这种作品如果得到著作权法的保护，显然损害了公众利益。具有明显区别还不能成为著作权法上的作品，还应当体现一定的艺术价值，其艺术价值应当达到书法的程度，如果仅存在区别，但是设计出的汉字非常丑陋，也应当不能称之为作品。

（2）字体独创性的判断主体应当是具有普通艺术水准的书法家。这是判断字体具有独创性的标准，这个原则也是第一个原则所要求的。这样可以避免动辄将一个字体认定为书法作品，要求在具体个案中，法官应当对某种字体是否构成书法意义上的作品征求书法家的意见，并将自己假定成具有普通水准的书法家而不是普通大众。

因此在上述原则的指引下，对于计算机单字是否受到著作权法的保护，应当进行个案判断，一味支持或全盘否定都是失之偏颇的。

作品的独创性如何认定

《著作权法实施条例》第二条规定："著作权法所称作品，是指文学、艺术和科学领域内具有独创性并能以某种有形形式复制的智力成果。”

而该条所说的独创性直接关乎一件智力成果能否得到著作权法的保护，可以说独创性的认定问题是著作权法里重要的问题之一。对于这个问题，诸多知识产权学者、专家也多有论及。

比如，刘春田教授认为，独创性亦称原创性。独创是指形式上的独创，而不是思想或理论观点的创新。①

吴汉东先生认为，所谓独创性，是指作品是独立构思而成的属性，作品不是或基本不是与他人已发表的作品相同，即作品不是抄袭、剽窃或篡改他人的作品。②

徐棣枫、解亘、李友根认为，独创性只是表达形式的独创。③

上述对于独创性理解的观点中，吴汉东自成一派，认为独创是独立构思，而刘春田和其他三位学者自成一派，认为独创是指表达形式的独创。基于对独创性理解的差异，直接导致了对于某些临摹作品是否构成著作权意义上的作品这个问题回答的不同。

这里举个很常见的例子，就是临摹敦煌壁画是否构成作品。刘春田教授认为，自敦煌壁画被发掘以来，我国画家西行临摹其中壁画者众多，其中不乏堪称艺术大师者，但是，我们不能说因为他们是艺术大师，他们临摹别人作品的行为就成了创作，同样作品将会出现数不清的作者，这是荒谬的。④而版权学的泰斗郑成思先生在其《版权法》一书对这个问题的回答则截然不同：壁画年久已有大量脱落之处，而临摹品要再现原画尚未脱落时的画面，则必须有画家自己的判断与选

① 刘春田：《知识产权法》，高等教育出版社2020年版，第55页。

② 吴汉东：《知识产权法》，法律出版社2011年版，第49页。

③ 徐棣枫、解亘、李友根：《知识产权法：制度、理论、案例、问题》，科学出版社2011年版，第145页。

④ 徐棣枫、解亘、李友根：《知识产权法：制度、理论、案例、问题》，科学出版社2011年版，第145页。

择。事实上，敦煌壁画的临摹，已有了某种写生的性质，断然否认一切临摹作品的独创性时，人们可能忘了，临摹有时是对平面实在物的写生，是难以区分的。[①]按照此段论述，其是承认临摹敦煌壁画是具有独创性的行为。

笔者更赞同上述吴汉东先生和郑成思先生的观点，这里将独创理解为独立构思更佳，笔者进一步认为独立构思为构成作品的要件之一，而表达的独创为作品保护的要件之一。因为没有表达，就没法保护，但是创作不仅体现在表达上，更重要的是有自己独立的构思在里面。

世界知识产权组织编的《著作权与邻接权法律术语汇编》中对于独创性，就明确提出："著作权法的原创性要求，是就内容的构思及其表现形式而不是就作品中体现的单纯思想、信息或方法提出的。"[②]这更进一步印证了笔者上述的论述。

而对独创性的认定另一个问题就是创作高度的问题，很显然一个人随便一画的东西虽然是独立构思、独立完成，但显然不具有创作高度，但是我们也不能将独创性的创作高度和专利法中对于发明的创造性的创作高度等同起来，因此在这两个极端中，我们需要一个公正、客观的判断标准。

围绕着如何判断创作高度，有两大立场：一是类型化的做法，如美国将智力成果分为事实性成果、功能性成果和艺术性智力成果，并认为艺术性智力成果具有一定的创作高度，具有独创性；二是只要作品中有作者的个性，其就具备独创性。对于上述判断创作高度的做法，显然第一种更好掌握。

---

① 郑成思：《版权法（上）》，中国人民大学出版社2009年版，第197–198页。

② 世界知识产权组织编：《著作权与邻接权法律术语汇编》，刘波林译，北京大学出版社2007年版，第171页。

在著作权侵权案件中，从律师代理案件角度出发，作为原告，我们应当尽量将独创性的认定从宽松的角度考虑，采用类型化判断创作高度的做法；而作为被告，我们应当将独创性的认定从严，如采用上述判断创作高度的第二种做法，这样对被告可能更为有利。

在作品上署名的就一定是作者吗

回答这个问题根本无须动用著作权法，任何一个人稍微动点脑子想想就知道，署名这种事，其实是很容易的。常理如此，但是若套用法律规定，则未必简单。这里最困难的就是举证问题。

我国《著作权法》第十二条第一款规定："在作品上署名的自然人、法人或者非法人组织为作者，且该作品上存在相应权利，但有相反证明的除外。"因此一般来说在作品上署名的就是作者，但是如果出现他人在不是自己的作品上署名的情况时，真正的作者就要拿出其他证据证明自己是作者。

作者是创作作品的人，因此一般真正的作者最有力的证据就是自己创作过程的证据，包括构思，或者阶段性成果。《最高人民法院关于审理著作权民事纠纷案件适用法律若干问题的解释》第七条第一款规定："当事人提供的涉及著作权的底稿、原件、合法出版物、著作权登记证书、认证机构出具的证明、取得权利的合同等，可以作为证据。"

署名权是否可以转让

我国《著作权法》虽然历经数次修改，但是有关署名权内容的规定一直没变，自1991年沿用至今。我国现行《著作权法》第十条第一款第（二）项规定：署名权，即表明作者身份，在作品上署名的权利。

而关于署名权的具体内容，有学者曾经总结为：（1）作者有权在自己创作的作品上署名。（2）作者有权选择署名方式。（3）作者有权要求确认作者身份。作者在任何时候，甚至在著作财产权转让或终止后，仍有权要求承认对其作品的特定身份关系。（4）作者有禁止在其他人作品上假冒其署名之权。（5）作者有权禁止未参加创作的人在自己作品上署名。（6）作者有权同意非作者在自己作品上署名，但应以不违反社会公德和社会公共利益为前提。①

而至于署名权能否转让，知识产权界也有不同的声音：一类声音持传统的观点认为不能转让，理由为署名权为人身权，人身权不能让与；另一类声音则认为署名权可以转让。

由于传统观点已经深入人心，笔者在这里仅讨论署名权可以转让的理由。

一、我国著作权法已经规定了署名权可以转让

《著作权法》第十九条规定："受委托创作的作品，著作权的归属由委托人和受托人通过合同约定。合同未作明确约定或者没有订立合同的，著作权属于受托人。"这说明包括署名权在内的著作权可以转让给作者。

二、署名权的作用在于财产宣示，作品与作者人格没有必然联系，因此可以转让

持这一理由的学者进一步认为："作者在作品上署名的目的在于向社会（读者）宣示自己的作者身份，是著作权公示的手段。作品署名权的自愿转让，一般不会给他人利益或者社会公共利益造成损害，法律对

---

① 冯晓青：《署名权刍论》，载《湘潭大学学报（社会科学版）》1993年第4期。

署名权转让不应禁止。”[①]

其他持类似观点的学者认为：“作为财产权利的署名权应该可以转让，作者从权利转让中顺畅实现自己的利益，同时通过版权登记来坚守自己的作者身份。受让者不会因为受让署名权而获得作品的作者身份，但其会因为受让署名权而给自己使用作品带来一种便利。作者个人利益不会受损，社会诚信也不会因此遭到削弱。”[②]

三、对于计算机软件，署名权的转让是可行的

对于软件作品来说，署名权是可以转让的。《计算机软件保护条例》第八条第一款规定了软件著作权的权能，包括发表权、署名权、修改权等在内的著作人身权和其他财产权。其第二款规定了软件著作权可以许可；第三款规定了软件著作权可以全部或部分转让。可见该规定对软件著作权的许可、转让的范围超过了《著作权法》限制的财产权范围，扩展到了全部著作人身权。而且该条例第十三条规定了特定情形下的软件职务作品的著作权由法人或其他组织享有，这也突破了《著作权法》第二十三条即特定职务作品的实际作者享有署名权的规定。[③]

笔者认为著作权本身属于财产权，其作为人身权属性的部分著作权跟我们通常民法意义上的人身权不同：第一，作品的人身权是可以放弃的，但是我们通常意义上的人身权是不能放弃的；第二，作品的人身权仅指人格权，而我们通常民法意义上的人身权还包括身体权。由于著作人身权跟通常意义上的人身权有所区别，因此传统人身权不能转让的观点在类推到著作权领域时应当考虑著作权的特殊性。

---

① 柳励和：《论作品署名权的转让》，载《湖南科技大学学报（社会科学版）》2009年第3期。
② 杨信、余德峰：《作品署名权可转让之证成》，载《江西社会科学》2013年第12期。
③ 梅卫东：《署名权转让的可行性探究》，载《前沿》2008年第10期。

特殊的职务作品中的署名权可以单独行使吗

我国《著作权法》第十八条规定："自然人为完成法人或者非法人组织工作任务所创作的作品是职务作品，除本条第二款的规定以外，著作权由作者享有，但法人或者非法人组织有权在其业务范围内优先使用。作品完成两年内，未经单位同意，作者不得许可第三人以与单位使用的相同方式使用该作品。有下列情形之一的职务作品，作者享有署名权，著作权的其他权利由法人或者非法人组织享有，法人或者非法人组织可以给予作者奖励：（一）主要是利用法人或者非法人组织的物质技术条件创作，并由法人或者非法人组织承担责任的工程设计图、产品设计图、地图、示意图、计算机软件等职务作品；（二）报社、期刊社、通讯社、广播电台、电视台的工作人员创作的职务作品；（三）法律、行政法规规定或者合同约定著作权由法人或者非法人组织享有的职务作品。"

该条第二款规定的作品就是我国著作权法上所说的特殊的职务作品，对于特殊的职务作品，作者仅享有署名权，其他权利由法人或其他组织享有。

我国《著作权法》第十条规定，署名权，即表明作者身份，在作品上署名的权利。署名，既可以署真名，也可以署假名；既可以署名，也可以不署名。本来在著作权完整归属于作者的情况下，署名权作为一项权利是可以单独行使的，但是在特殊的作品中，这个问题有点复杂，因为此时作品和作者产生了一定程度的分离，而署名无论如何都是要署在作品或其复制品上的，于是就产生了一个很荒谬的问题——作者想行使署名权，但是作品却不属于他，或者没有作品可署，而对于法人或其他组织来说，其在每次复制或发行作品前都要询问一下作者是否署名，否则极有可能侵权，因为作者可能不想署名或者想署名。从这个意义上来讲，署名权还包括一项很特别的权能，即在每一次发行、复制或展览中，作者可以决定哪一次署名和哪一次不署名。这个权能对于特殊的职务作品来说尤为重要，因为只有这样署名权对于作者来说才真的是一项权利。如果一项作品或其复制品只能有一次署名权，那就跟只能行使一次的发表权无异了。

最后的结论就是，特殊的职务作品中的署名权不能单独行使，但是特殊职务作品的其他著作权里所有者在行使相关权利时可能侵犯到作者的署名权。既然署名权不能单独行使，那么特殊的职务作品关于署名权的规定就有点食之无味、弃之可惜了。

小说人物关系到底是不是著作权法上的表达形式

著作权法有一个很重要的原则：保护作品的表达形式，不保护思想本身。因此一个作品能不能受到保护，首先要把握它的表达形式。但是这看似很简单的工作，在具体的案件中却变得很难把握。比如，在琼某诉于某一案中，关于人物关系到底是不是著作权法上的表达形式就引起了很大的争议。

在该案中，琼某方主张《梅花烙》的人物关系是著作权法上的表达形式，但是于某方则反驳。我们先看看两方的理由。琼某方认为被告于某未经原告允许，擅自采用原告作品核心独创情节进行改编，原告全部核心人物关系与故事情节几乎被完整地套用于该剧，严重侵犯了原告依法享有的著作权。于某的反驳理由则是原告指控的人物关系，属于特定场景、公有素材或有限表达，不受著作权法保护，不能因为原告写过言情戏这样的主题，这样的表达就被原告垄断，被告不认为这是作品的表达。

琼某方为了证明自己的诉由，向法院提供了人物的对比图，但是没有进一步说明什么是人物关系。法院在一审判决中也没有说明什么是人物关系，但是对于哪些人物关系不受著作权法的保护做了说明，即概括性的人物关系（亲属关系、情侣关系、朋友关系），虽然不受著作权法的保护，但是确实是因为欠缺独创性而不受保护，而不是因为不是表达形式而不受保护，因此对于人物关系是不是著作权法上的表达形式，一审法院的态度很明确：人物关系属于著作权法上的表达形式。

从这一点可以看出，于某方的反驳理由有点过于无力，还不如说琼某方所主张的人物关系不具有独创性，这样的理由也许法院还更能接受一点。当然理由变了代理思路也要跟着变，要找出琼某方没有独创性的证据，估计也是很难的。

对美国避风港原则的解析

《美国著作权法》第512条（C）款规定如下。

（C）依服务对象指令在系统和网络上存储信息。

（1）一般规定——网络服务提供者在其控制、管理的系统或网络中，或者由其他网络服务提供者为其提供的系统或网络中，依服务对象指令提供信息存储空间的，如果符合下列条件，就不承担损害赔偿责任，除（J）款另有规定外，也不承担禁令责任或其他衡平法上的责任：

（A）（i）不知道服务对象在系统或网络上提供的资料或使用该资料侵权的；

（ii）如果不符合不知道的情形，没有意识到明显属于侵权的事实或情况的；或

（iii）知道或意识到侵权后，立即删除或者禁止访问资料的。

（B）未从有管理权限并能够管理的侵权活动中直接获得经济利益的，且

（C）在接到第（3）项所述的主张侵权的通知书后，立即删除或禁止访问被主张侵权的通知书后，立即删除或禁止访问被主张侵权的资料或侵权活动指向的资料。

（2）指定代理人——只有网络服务提供者指定了接受第（3）项所述主张侵权通知的代理人，并且通过服务在其网站的某个位置向公众提供且向版权局提供下列信息，网络服务提供者才可以利用责任限制规定：

（A）代理人的姓名（名称）、地址、电话号码、电子邮箱地址。

（B）版权局局长认为可能需要的其他联系信息。版权局局长，应设立一个供大众查询的当前代理人名录。该名录应当通过互联网在内的方式供大众查询。版权局局长可以向网络服务提供者收取一定的费用用于抵偿设立代理人名录的成本。

（3）通知书的构成要件。

（A）根据本款规定，权利请求人必须以书面形式将主张侵权的通知书送达网络服务提供者的指定代理人，通知书大致包含下列内容：

（i）代理人的物理签名或电子签名。该代理人由主张专属权利被侵害的权利人授权。

（ii）被主张侵权的著作权资料名称。通知书包含有同一网站上有多部著作权资料的，应当列出资料的代表目录。

（iii）被主张侵权或侵权行为指向对象、要求网络服务提供者删除或者禁止访问的资料的名称，以及能够足以使网络服务提供者定位该资料的信息。

（iv）能够足以使网络服务提供者联系上通知人的信息，如可以联系上通知人的地址、电话号码；有电子邮件地址的，应当一并提供。

（v）在通知中指出，通知人有合理的理由相信，被投诉资料的使用方式是未经著作权人或其代理人、法律授权的。

（vi）在通知书中指出，通知中的信息是准确的，并愿意承担伪证的责任，投诉方由主张权利被侵害的权利人授权。

(B)(i) 在符合 (ii) 的规定时，著作权人或经其授权的代理人发出的通知未能大体体现 (A) 目规定内容的。在认定网络服务提供者是否知道侵权行为或明显意识到侵权事实情况时，不予适用第 (1) 项 (A) 目。

(ii) 送达网络服务提供者的通知书中，未能大体包含 (A) 目中全部内容，但基本符合 (A) 目中 (ii)、(iii)、(iv) 的规定的，网络服务提供者自收到基本上遵守A款全部内容的通知书后，立即试图联系通知发出人或采取其他合理的协助手段，适用本款 (i) 项。

《美国著作权法》第512条 (D) 款规定如下。

(D) 信息定位工具——网络服务提供者使用包括指南、目录、索引、指针、参照、超链接等在内的信息定位工具将用户指引或连接到含有侵权资料或侵权活动的站点，具备下列条件的，不承担损害赔偿责任，除 (J) 款另有规定外，也不承担禁令责任或其他衡平法上的责任：

(1)(A) 不知道资料或活动侵权的。

(B) 不符合上述情形，但没有意识到明显属于侵权的事实或情况的。

(C) 知道或意识到侵权实施后，立即删除或者禁止访问资料的。

(2) 未从有管理权限并能够管理的侵权活动中直接获得经济利益的，且

(3) 在接到 (C) 款第 (3) 项所述的主张侵权的通知书后，立即删除被主张或侵权活动所指向的资料，或禁止访问的。除此之外，本条 (C) 款第 (3) 项 (A) 目 (iii) 规定的信息中还应当包含被主张侵权的资料或活动的指引或链接的名称，以及足以使网络服务提供者定位的指引或链接的信息。①

---

①《美国著作权法》，杜颖、张启晨译，知识产权出版社2013年版，第145-148页。

上述《美国著作权法》的相关规定，构成了“避风港原则”的全部，一言以蔽之，避风港原则给网络服务提供者免除了在某些情形下的侵权责任，有点类似于专利侵权诉讼中的“合法来源抗辩”，但实际上从上述条文中我们也可以看出“避风港原则”的适用条件非常严格，具体如下：（1）适用的知识产权类型为著作权；（2）适用的主体为网络服务提供者；（3）适用的具体对象为在系统或网络上存储的信息，网络定位工具；（4）网络服务提供者主观上为不知道是侵权；（5）网络服务提供者客观上为未曾获利；（6）不知道是侵权的认定为没有意识到明显侵权（举证比较困难），或者是收到通知后立即删除（常用的方式）；（7）针对“通知+删除”的要求为网络服务提供者必须提供能够送达的通知代理人；（8）对于权利人的要求为通知书需要遵循上述规定。

由于避风港原则极大地减轻了网络服务提供者的责任，在一定程度上繁荣了互联网经济，因此我国法律后来也吸取了“避风港原则”的相关精神，具体规定在2006年7月1日正式施行的《信息网络传播权保护条例》中。

现行《信息网络传播权保护条例》第十四条规定：“对提供信息存储空间或者提供搜索、链接服务的网络服务提供者，权利人认为其服务所涉及的作品、表演、录音录像制品，侵犯自己的信息网络传播权或者被删除、改变了自己的权利管理电子信息的，可以向该网络服务提供者提交书面通知，要求网络服务提供者删除该作品、表演、录音录像制品，或者断开与该作品、表演、录音录像制品的链接。通知书应当包含下列内容：（一）权利人的姓名（名称）、联系方式和地址；（二）要求删除或者断开链接的侵权作品、表演、录音录像制品的名称和网络地址；（三）构成侵权的初步证明材料。权利人应当对通知书的真实性负责。”

《信息网络传播权保护条例》第二十三条规定：“网络服务提供者为服务对象提供搜索或者链接服务，在接到权利人的通知书后，根据本条例规定断开与侵权的作品、表演、录音录像制品的链接的，不承担赔偿责任；但是，明知或者应知所链接的作品、表演、录音录像制品侵权的，应当承担共同侵权责任。”

相对来说，我国法律框架下的避风港原则对于网站经营者来说既有宽松的一面，也有严格的一面。宽松的一面是我国的避风港原则仅保护信息网络传播权和权利管理电子信息，而严格的一面是对于未曾是否获利，我国的避风港原则并不考虑。

还有一个问题是，由于避风港原则仅仅针对著作权侵权，而对于网站上销售的侵犯他人其他知识产权的网页广告（本质上属于许诺销售），是不能适用避风港原则的，购物网站不能仅以通知加删除的操作就免除其责任。

销售是否构成著作权法意义上的发行

在回答这个问题时，我们必须搞清楚著作权法意义上的发行是什么，以及销售是否属于著作权法意义上的发行。

《著作权法》第十条中规定：发行权，即以出售或者赠与方式向公众提供作品的原件或者复制件的权利。我们可以看出，所谓发行，应当是以出售或者赠与方式向公众提供作品。而销售显然跟出售是同一含义，换言之，销售即发行。问题讨论至此，好像答案已经很确定，似乎没有进一步讨论的必要，但是销售是否构成著作权法意义上的发行却关乎另外一个条款的适用，那就是《著作权法》第五十三条，该条规定了复制品发行者的免责事由，也就是我们通常熟知的合法来源抗辩。

《著作权法》第五十九条规定：“复制品的出版者、制作者不能证明其出版、制作有合法授权的，复制品的发行者或者视听作品、计算机软件、录音录像制品的复制品的出租者不能证明其发行、出租的复制品有合法来源的，应当承担法律责任。”

如果销售可等同于发行，那么《著作权法》第五十九条就可以适用于复制品的销售者，如果第五十九条所说的“发行”还有其他含义，那么显然复制品的销售者有可能不能引用本条主张合法来源抗辩，这种其他含义不外乎：（1）发行作为普通词汇的含义；（2）发行作为法律术语的其他含义；（3）发行是否为出版发行的简略。

首先发行作为普通词汇的含义，即讨论第五十九条的发行是否还包括了普通词汇“发行”的意思，必须注意的是，如果发行还包括了“销售”本身的其他含义，那么复制品的销售者仍然可以援引本条来主张合法来源抗辩。

《现代汉语词典》第7版对于发行一词的解释为“发出新印制的货币、债券或新出版的书刊、新制作的电影等”，这个解释比较符合人们日常生活中对于发行一词的理解和使用，但是跟《著作权法》第十条中发行的含义区别还是很明显的，特别是普通人很难将赠与等同于作为普通词汇使用的发行，而笔者认为这正是著作权法的特别之处：法律术语的表述明显区别于专利法、商标法等其他知识产权部门法，更区别于其作为普通词汇的含义。

笔者再举个例子，如《著作权法》通篇都没有“生产”两字，但随处可见“复制”，实际上著作权法意义上的复制，就包含了生产的含义。因此，虽然作为普通词汇的发行明显区别于作为著作权法意义的发行，但是由于普通词汇解释发行主要为“发出”，而销售又显然属于有偿发出，因此作为普通词汇使用的发行是包含销售的，复制品的销售者根据普通词汇的发行含义主张适用《著作权法》第五十九条。

其次发行作为法律术语的其他含义，主要体现在《关于办理侵犯知识产权刑事案件适用法律若干问题的意见》第十二条，其规定《刑法》第二百一十七条规定的“发行”包括总发行、批发、零售、通过信息网络传播以及出租、展销等活动。由此可见，在刑法侵犯著作权罪中，发行也是包含销售的。

最后发行是否为出版发行的简略。如果发行是出版发行的简略，那么将会进一步限缩《著作权法》第五十九条的适用主体，大多数销售者都将排除在该法条的适用范围之外。《著作权法》涉及“发行”一词的条款一共有12处[①]，其中两处涉及“出版发行”，但笔者认为发行并不是出版发行的简称，这是因为出版本身就包含了发行，而发行却不能包含出版。出版本身包含了发行有两个理由：（1）作为普通词汇的出版，其含义为“把书刊、图画、音像制品等编印出来，向公众发行”；（2）《著作权法》第六十三条规定：“本法第二条所称的出版，指作品的复制、发行。”虽然该条仅仅是对第二条的出版所做的解释，但管中窥豹，可见一斑，至少可以认为出版还是包含有发行的含义。基于上述分析，笔者认为《著作权法》第五十九条发行的并不是出版发行的简略。

信息网络传播权的那些事

一、什么是信息网络传播权

《著作权法》第十条第一款第（十二）项规定“信息网络传播权，即以有线或者无线方式向公众提供，使公众可以在其选定的时间和地点获得作品的权利”。

本项权利是2001年我国对《著作权法》进行修改，为权利人新增的一项专利权利。其来自《世界知识产权组织版权条约》（WCT）第八条——向公众传播的权利，并且在文字上是逐字翻译自第八条的后半

①《著作权法》第十条第一款第（六）项，第二十四条第一款第（六）项和第（十一）项，第三十九条第一款第（五）项，第四十四条第一款和第二款，第五十三条第（一）项、第（三）项、第（四）项，第五十九条第一款两处，第六十三条。

句：文学和艺术作品的作者应享有专有权，以授权……将其作品向公众提供，使公众中的成员在其个人选定的时间和地点可获得这些作品。

这里有必要对信息网络做一个解释。所谓信息网络，《最高人民法院关于审理侵害信息网络传播权民事纠纷案件适用法律若干问题的规定》第二条规定："本规定所称信息网络，包括以计算机、电视机、固定电话机、移动电话机等电子设备为终端的计算机互联网、广播电视网、固定通信网、移动通信网等信息网络，以及向公众开放的局域网络。"最常见的就是互联网。

二、信息网络传播权的本质

我们都知道知识产权法律规定专有权利的根本目的并不是确认作者本人有积极从事某种行为的自由，而在于使作者得以控制他人的特定行为。举例来说，我们规定信息网络传播权，并不是说著作权人享有这个权利，而是说著作权人可以通过规定去控制他人通过信息网络对其作品进行传播的权利。

信息网络传播权本质上还是对传播权的控制。著作权里有三大权利：一是复制权，二是传播权，三是演绎权。其中传播权是随着时代发展最为丰富多彩的，如在早期只有无线广播，而现在通过手机就可以浏览网站。

三、信息网络传播行为的构成要件

1.以有线或者无线的方式向公众提供作品。这里的提供并不是指实际提供，而是有提供的可能性。举例来说，当书店把侵权的书籍放上书架，对于客户只是有一个购买的可能性，但是对发行权而言就已经是侵犯了。同理，只要在网站上放上侵权内容，提供公众以浏览和下载就已经侵犯了信息网络传播权。

2.行为的后果是"使公众可以在其个人选定的时间和地点获得作品

的行为”。换言之，这种行为是交互式的，是按照需求来点播作品的行为，假设某个网站采用了直播方式，侵犯的不是信息网络传播权，而可能构成对复制权的直接侵权。

四、法院目前对侵犯信息网络传播权的侵权认定标准

法条依据：

（1）《著作权法》第十条第一款第（十二）项；

（2）《著作权法实施条例》；

（3）《最高人民法院关于审理侵害信息网络传播权民事纠纷案件适用法律若干问题的规定》第三条：“网络用户、网络服务提供者未经许可，通过信息网络提供权利人享有信息网络传播权的作品、表演、录音录像制品，除法律、行政法规另有规定外，人民法院应当认定其构成侵害信息网络传播权行为。通过上传到网络服务器、设置共享文件或者利用文件分享软件等方式，将作品、表演、录音录像制品置于信息网络中，使公众能够在个人选定的时间和地点以下载、浏览或者其他方式获得的，人民法院应当认定其实施了前款规定的提供行为。”

根据上述法条规定，对于侵犯信息网络传播权可以概括为三个要件：（1）将作品置于计算机硬盘等存储设备之中。其实是实务中经常讲到的“服务器标准”，如百度云盘。（2）使前述存储设备处于信息网络中可被网络用户访问的状态。只要打开互联网就能访问相关的存储的服务器或者云端等可被网络用户访问的状态。（3）网络用户在其个人选定的时间和地点，浏览或以其他方式获得该作品。当第二条具备的时候，第三条应当同时具备。

五、案例

某升大风公司享有许某《在路上》专辑中12首歌曲的录音制作者权。该公司发现豆某科技公司未经许可在其经营的豆某网提供涉案歌曲

的在线播放服务，认为其侵害了自己享有信息网络传播权，于是诉至法院。在公证取证环节，某升大风公司登录豆某网站发现，不是豆某网的用户不能播放和下载该涉案歌曲。于是某升大风公司使用名为视频广告拦截+嗅探+下载（3合1）超强绿色纯净版的浏览器插件对涉案歌曲进行了下载和播放。

一审结果为豆某网败诉，被认定构成侵权。而在二审中，豆某网向法院证明如果不使用上述软件就不能在线播放和下载，从而使得二审法院认定豆某网上述网络传播行为并不符合信息网络传播权的侵权要件，仅侵犯复制权，而不侵犯某升大风公司的信息网络传播权。

网站上有这么个侵权作品，跟侵犯信息网络传播权不是一回事，侵犯信息网络传播权有更严格的规定。

六、举证要点

对于原告而言，若想证明被告侵犯其信息网络传播权，一般需要在符合构成信息网络传播行为的要件上做功课，具体来说：（1）证明对方网站上存在侵权作品。也就是服务器标准，证明该网站上存在这么一个作品。（2）证明其可以通过正常的浏览行为获得作品。

七、信息网络传播权侵权与避风港原则的混淆

以下关于两者的区别展开简单论述。知识产权侵权有直接侵权和间接侵权之分，避风港原则与侵犯信息网络传播权最大的区别是，侵犯信息网络传播权是直接侵权，在著作权法及其相关司法解释里有说明，只要侵犯就侵权，不会考虑主观过错。而避风港原则，实际是间接侵权下网站的免责责任，出于保护技术发展的需要。这里就要考虑网站的主观过错。首先这个作品不是由网站的经营者上传，其次网站经营者对此侵权行为不知情，在这样的情况下可以适用避风港原则。避风港原则可以由权利人通知网站经营者，网站及时加

以移除，那么网站就不用承担责任。这里的通知就是对主观要件的体现，如果权利人通知了，你还不移除，就说明你主观是有过错的，说明你是知晓的。

在某宝侵权问题上，笔者认为，大部分法院都倾向于某宝在接到侵权通知或者起诉后，把侵权的相关页面删除，就不必承担其他责任了。这对于知识产权利益的衡量来说，当然有利于某宝的发展，但是笔者认为可能会存在间接侵权责任。

实际上，某宝也有侵犯信息网络传播权的行为。例如，在网站上卖侵权的电子书，达成交易后，买家以某种方式发送电子书给客户。笔者认为，我们国家的这些购物网站能适用侵犯信息网络传播权的认定标准，也应能适用避风港原则。而避风港原则只针对著作权侵权，对于网站上销售侵犯他人其他知识产权的商品，更多的是许诺销售，不适用避风港原则。当我们发现一些假冒伪劣侵权的产品时，某宝不能以简单的通知加删除的操作就免除责任。

第四章　商业秘密相关

对商业秘密等知识产权问题的思考

当我们在谈论知识产权的时候，一些固有的概念或表述总是会占据我们的大脑，于是就形成了一定的思维定式，如果这些概念或者表述本身是正确的还无可厚非，但如果其所表达的就是有争议的内容，我们还需要借助一双“慧眼”，将某些司空见惯的问题好好琢磨一下。下面这些问题，都是笔者在最近的思考中反反复复在脑海中涌现的问题，它们看似简单，但好像答案还真不是唯一的，于是做了一个梳理，抛砖引玉。

一、关于知识产权的特征

所谓知识产权的特征，应当是知识产权区别于其他权利的地方，关于这个问题很多人都会想到知识产权的“三性”，即无形性、地域性、时间性。这在权威知识产权大家的著作里几乎已经是约定俗成的通说。直到笔者看到了一些持有异议的论文，才发现知识产权的特征可能真的只有无形性一个，而地域性和时间性仔细推究下去，并不是知识产权所特有的。

之所以说地域性并不是知识产权所独有的，是因为任何一种财产如果被纳入法律保护的体系，那肯定是要依据一定的法律，而不同地区的法律具有不同的保护体系。换句话说，任何一种财产都会随着地域的变化而发生保护的改变。地域性其实是相对于不同国家的知识产权保护法律而言的，在这种不同国家的知识产权法律保护的比较中，地域性才具有其独立存在的空间和固有的价值。而针对知识产权法律和其他权利的法律来说，地域性都是存在的。

而时间性更是有点不合逻辑，如果说知识产权的保护都是有时间限制的，那么这句话用在商标权身上一定不对，理论上商标权可以通过续展而无限存在。作为知识产权一个重要的类别，商标权都没有时间性，那如何用这个作为商标权、专利权、著作权的共性，作为知识产权的共性呢？连共性都不具备又何来作为知识产权与其他权利的区别或特征呢？

因此，笔者粗认为，知识产权的特征只有一个，那就是无形性。

二、关于商业秘密的秘密性和知识产权的公开性

秘密性是商业秘密的构成要件之一，也是商业秘密区别于其他知识产权的一个重要体现，因此有人觉得商业秘密和其他几类知识产权的公开性格格不入，甚至觉得其保护范围因为秘密性而导致了不清不楚。关于这个问题，我有不同的答案。

这里需要思考的问题是，其他几类知识产权公开的本质是什么。笔者认为知识产权公开的本质是知识产权在保护时其权利界限是清楚的。除此之外虽然公开还有其他的作用，但这些作用因为不同的知识产权而表现不同。比如，专利的公开是必需的，其公开除了用来宣示权利，还是换取垄断的一个等价筹码，而商标的公开需要体现其标识商品或服务来源的功能。在考虑知识产权公开的本质时，笔者思考较多的是商业秘密是否需要公开的存在。秘密性是商业秘密存续的状态，或者说是常态，但是在要求保护时也是需要公开的，如果不公开，其权利的边界也一定是不清楚的，当然这种公开是面

向国家司法机关、行政机关的公开，从这个方面来说，商业秘密也一定具有“在保护时权利界限是清楚的”这一其他几类知识产权才有的特征。于是当我们一味地去讨论商业秘密的秘密性时，我们一定不能忽视其公开性。

综合上面的推断，笔者进而得出知识产权的公开性特征为：无公开就无保护。这里的公开并不是面向社会公众的公开，而是面向国家司法机关、行政机关的公开。

三、关于知识产权赔偿方式的适用顺序及法官的自由裁量权

这个问题是由笔者亲自代理的一个案件所引发的思考。我们知道在专利侵权诉讼中，原告要求被告承担赔偿责任时，需要证明自己确有损失，如果证明不了可以证明自己的获利，如果还证明不了，则可以主张法定赔偿。如果在一个案件中，原告主张自己的损失来要求赔偿，而法官并不认可其损失的证据，但是法官也没有采用法定赔偿，而是主动适用被告的获利来进行裁判，是否有法律依据？

这个问题可以打个比方，你向法院主张丢失了两只鸡，要求被告赔你两只鸡，但是法院发现你并没有丢失两只鸡，本来法院可以根据法律规定，让被告承担一只鸡的赔偿责任，但是在被告那里却发现了两只鹅，于是直接将两只鹅判给了你，而两只鹅的价值明显比两只鸡要高，原告很高兴，被告却很委屈。

我觉得这里有个超裁的问题，法院应当只对原告的诉讼请求及其背后所支撑的事实和理由进行审查，因此对于诉讼请求要么支持、要么不支持，绕开原告的事实和理由，寻找新的事实去支持原告的诉请，就违背了法官应当中立的原则。

侵犯商业秘密罪是否存在犯罪未遂

根据《刑法》第二十三条第一款的规定，已经着手实行犯罪，由于犯罪分子意志以外的原因而未得逞的，是犯罪未遂。

关于侵犯商业秘密罪是否存在未遂形态，有三种不同的观点。[①]

第一种观点认为，侵犯商业秘密罪只存在是否成立犯罪的问题，不存在犯罪未遂的问题。理由是，根据《刑法》的规定，本罪已修改为情节犯，现成立条件为“情节严重”，只要构成情节严重，即认定本罪成立。因此，对于本罪而言，不存在犯罪形态上的问题，只有成立或不成立的问题。我们可称之为“犯罪成立说”。

第二种观点认为，侵犯商业秘密罪存在未遂形态。“情节严重”是区分犯罪既遂与未遂的条件。但“情节严重”是一个综合性概念，范围外延较广，且目前没有相关司法解释予以明确。我们可称之为“犯罪未遂说”。

第三种观点认为，侵犯商业秘密罪只有在可能“达到情节严重”的情况下，才存在犯罪未遂。这种观点认为，在刑法分则中，一个罪如果规定了两个或者两个以上的刑罚幅度，同时规定了数额标准，那么最低档次数额是罪与非罪的标准，但如果在符合第一档次的前提下针对数额巨大的对象从事犯罪活动没有得逞，则可以作为第二个档次犯罪的未遂来处理。我们可称之为“折中说”。

上述观点中，笔者支持第二种观点，但是理由不同。笔者认为犯罪未遂或针对行为而言或针对结果而言，下面分别讨论之。

针对行为而言，侵犯商业秘密罪的行为具体来说就是《刑法》第二百一十九条规定的三种行为，可细化为盗窃、利诱、胁迫、披

---

① 杨志国：《侵犯商业秘密罪未遂形态辨析》，载《中国刑事法杂志》2005年第3期。

露、使用等行为。因此针对行为而言，侵犯商业秘密罪未遂的表现就是上述行为因行为人意志以外的原因而没有得逞，由于商业秘密本身没有遭到披露，因此针对这一种状态的未遂是不具有刑法的可罚性的，因为其缺少社会危害性。

针对结果而言，即在上述行为已经完成的情况下，只是没有出现给权利人造成重大损失的结果，这跟某些学者的观点相同，认为如果给权利人造成的损失不是很重大，即为犯罪未遂①，这种情况下是具有刑法可罚性的，其惩罚应当参照犯罪既遂从轻或减轻处罚。

综上，侵犯商业秘密罪是存在犯罪未遂的，其未遂状态即为相关行为已经完成，但是没有达到给权利人造成重大损失的标准。

商业秘密之合理的保密措施如何认定

《反不正当竞争法》第九条第四款规定："本法所称的商业秘密，是指不为公众所知悉、具有商业价值并经权利人采取相应保密措施的技术信息、经营信息等商业信息。"

其中认定构成商业秘密的条件是采取了保密措施，而对于这里的保密措施的解释，《最高人民法院关于审理不正当竞争民事案件应用法律若干问题的解释》第十条规定："有关信息具有现实的或者潜在的商业价值，能为权利人带来竞争优势的，应当认定为反不正当竞争法第十条第三款规定的'能为权利人带来经济利益、具有实用性'。"第十一条规定："权利人为防止信息泄漏所采取的与其商业价值等具体情况相适应的合理保护措施，应当认定为反不正当竞争法第十条第三款规定的'保密措施'。人民法院应当根据所涉信息载体的特性、权利人保密

---

① 杨志国：《侵犯商业秘密罪未遂形态辨析》，载《中国刑事法杂志》2005年第3期。

的意愿、保密措施的可识别程度、他人通过正当方式获得的难易程度等因素，认定权利人是否采取了保密措施。具有下列情形之一，在正常情况下足以防止涉密信息泄漏的，应当认定权利人采取了保密措施：（一）限定涉密信息的知悉范围，只对必须知悉的相关人员告知其内容；（二）对于涉密信息载体采取加锁等防范措施；（三）在涉密信息的载体上标有保密标志；（四）对于涉密信息采用密码或者代码等；（五）签订保密协议；（六）对于涉密的机器、厂房、车间等场所限制来访者或者提出保密要求；（七）确保信息秘密的其他合理措施。”

因此根据上述法律规定，只要证明了保密措施是合理的，即认为采取了保密措施。上述法律规定可以从两个方面进行解读：第一，要有采取保密措施的主观意愿；第二，客观上要“足以防止涉密信息泄漏”。就第二个方面来说，所谓“足以防止涉密信息泄漏”应当认为是保密措施的合理合法预期，而不是一些非正常情况，换句话说，不需要保密措施万无一失。

孔祥俊法官根据上述法律规定，对于认定保密措施合理性的总结如下：①

（1）商业秘密的权利人应当对商业秘密的内容有明确的界定并在客观上有适当载体予以体现，即商业秘密必须有被识别和管理的信息载体（包括口头表述）。

（2）在商业秘密内容确定后，应当将商业秘密与其他公开信息区别管理。

（3）对商业秘密的区别管理措施的目的是防止信息被擅自披露或者使用。

---

① 孔祥俊：《商业秘密司法保护实务》，中国法制出版社2012年版，第145页。

商业秘密共同权利人如何认定采取了合理的保密措施

——基于某合成材料厂、某辰公司、某蓝公司与某茂公司、周某某等人商业秘密纠纷二审判决书的分析

2000年，某合成材料厂与案外人某辰化工公司出资设立某辰公司，后某辰公司与案外人某刚公司出资设立某蓝公司，某合成材料厂、某辰公司、某蓝公司三者存在法律上的关联关系。

周某某先后担任过某合成材料厂厂长、某辰公司经理、某蓝公司董事长等职务，后周某某跟原某合成材料厂、某辰公司、某蓝公司等的离职员工陆续进入某茂公司工作。某茂公司主要从事改性PBT产品的生产和销售业务。

后某合成材料厂、某辰公司、某蓝公司认为某茂公司、周某某等人侵犯了三公司所共同拥有的商业秘密，具体为：改性PBT产品的155个配方及其生产工艺，以及53个客户名单。

2008年，某合成材料厂、某辰公司、某蓝公司将某茂公司、周某某等人起诉至江苏省高级人民法院，要求：（1）某茂公司立即停止侵害其商业秘密的行为；（2）五自然人被告立即停止披露其商业秘密的行为；（3）某茂公司赔偿经济损失4500万元，并由五自然人被告承担连带赔偿责任；（4）本案诉讼费用由五自然人被告等共同承担。

江苏省高级人民法院在一审中确认了某合成材料厂、某辰公司、某蓝公司可以以商业秘密共同的权利人作为原告的起诉资格，但是认为各权利人未采取合理的保密措施。改性PBT产品的155个配方及其生产工艺，以及53个客户名单不属于商业秘密。最终江苏省高级人民法院判决驳回了三原告的诉请。

三原告不服一审判决，上诉至最高人民法院，要求撤销一审判决，

改判支持三上诉人在一审中的全部诉讼请求，一、二审案件受理费由被上诉人某茂公司、周某某等人承担。

三上诉人认为只要任一商业秘密共有人采取了保密措施，也视为其他商业秘密共有人采取了保密措施。

2016年9月16日，最高人民法院依法作出（2014）民三终字第3号民事判决书，驳回某合成材料厂、某辰公司、某蓝公司三上诉人的上诉请求，维持原判。

这是一起因员工离职所引发的商业秘密纠纷典型案件，其值得探讨的法律问题是："作为商业秘密的共同权利人，何种措施才是合理的保密措施？"

《最高人民法院关于审理不正当竞争民事案件应用法律若干问题的解释》第十一条第一款和第二款规定："权利人为防止信息泄漏所采取的与其商业价值等具体情况相适应的合理保护措施，应当认定为反不正当竞争法第十条第三款规定的'保密措施'。人民法院应当根据所涉信息载体的特性、权利人保密的意愿、保密措施的可识别程度、他人通过正当方式获得的难易程度等因素，认定权利人是否采取了保密措施。"

根据笔者的理解，作为商业秘密的共同权利人，合理的保密措施是能够让各个权利人能够防止商业秘密泄露的措施。

首先，具体到本案中，作为商业秘密的共同权利人，无论其是同时拥有还是先后拥有，合理的保密措施都应当达到这样一种最低限度：任何一方都没有泄露过商业秘密或存在泄露商业秘密的可能，否则商业秘密就会因为任何一方的泄露而丧失。

其次，合理的保密措施也意味着各个权利人所采取的保密措施不能相互替代，对此，最高人民法院在其二审判决中如是说，涉案信息实际上是在较长时间内，在某合成材料厂、某辰公司和某蓝公司三个民事主体处分别形成的。涉案信息中的一部分以出资的方式，在某合成材料厂与某辰公司之间，以及某辰公司与某蓝公司之间，先后经历了两次权利人的变更。因此，某合成材料厂所采取的保密措施仅适用于在该厂形成的有关涉案信息，不能作为在某辰公司、某蓝公司处取得或形成的有关涉案信息的保密措施。相应地，某辰公司采取的保密措施，也不能作为在某蓝公司处取得或形成的有关涉案信息的保密措施。本案中，三上诉人以共有为名，对于涉案信息一并主张商业秘密保护。但是，只有在三上诉人明确涉案各项技术、经营信息形成的具体时间以及对应的权利人的情况下，方能确定三上诉人主张的各项涉案信息是否采取了合理的保密措施，构成商业秘密。然而，经法院多次释明，三上诉人始终不能就其主张的各项涉案信息的形成时间和对应的权利人作出合理说明或证明，由此产生的不利后果应当由其自行承担。

最后，合理的保密措施主要体现在合同约束上，且合同应当明确具体可操作。目前对于员工保密义务的要求主要是用劳动合同或者竞业禁止协议进行约束，某合成材料厂认为周某某负有保密义务主要就是依据双方签订的保密协议，但由于双方签订有数份保密协议，且在后的保密协议保密范围不包括“改性PBT产品技术信息”，江苏省高级人民法院进而认为周某某对于改性PBT产品技术信息不负保密义务，作为共同共有人，如其中一个共有人作出放弃要求特定相对人保守商业秘密的意思表示，则该放弃意思表示的效力当然及于其他共有人。

综上，作为商业秘密的共同权利人，合理的保密措施应当保证任何一个权利人都不会有泄露商业秘密的可能，任何一个权利人放弃采取保密措施，则该意思效力及于其他共有人。

第五章　习惯成技能

如何通过写作进行律师业务推广

自媒体时代催生了很多时代写手，这些写手遍布各行各业，只要有一台能上网的电脑或手机，你就可以利用写作进行专业化的营销，尤其对于我们律师而言，写作这件小事其实是一件大事。

我经常思考的一个问题就是：相较于老律师，年轻律师该如何利用互联网逆袭突围。进入律师行业，你会发现几乎所有的法律服务领域，如劳动、婚姻、道路交通等法律服务领域都已经是一片红海，想要寻找蓝海是何其之难。面对竞争激烈的行业，以及各种经验丰富的老律师和他们已经征服并取得硕果累累的领域，年轻律师如何生存、如何成长是一个很重要的问题，而解决这个问题的关键在于案源。解决案源问题的关键在于营销，而营销的重点我认为在于写作。

有的人对于律师营销理解得非常“到位”，因此催生了一些靠打包票、走关系来招揽业务的律师，这些律师也许能够获取一时的利益，但由于其行为经常游走在合法和非法的边缘，终究不是长久之计。

其实，律师营销区别于我们商业的营销，这是因为律师营销受到相关法律和律师执业规范的限制。2018年1月6日第九届全国律协第十二次常务理事会审议通过《中华全国律师协会律师业务推广行为规则（试行）》，其第二条实际上对律师营销做了很好的界定：“本规则所称律师业务推广是指律师、律师事务所为扩大影响、承揽业务、树立品牌，自行或授权他人向社会公众发布法律服务信息的行为。律师业务推广主要包括以下方式：（一）发布律师个人广告、律师事务所广告；（二）建立、注册和使用网站、博客、微信公众号、领英等互联网媒介；（三）印制和使用名片、宣传册等具有业务推广性质的书面资料或视听资料；（四）出版书籍、发表文章；（五）举办、参加、资助会议、评比、评选活动；（六）其他可传达至社会公众的业务推广方式。"

从全国律协的上述规定可以看出，律师营销实际上跟商业营销有所区别，其最大的一个特点是要体现律师的专业性，而在上述这些推广方式中，写作可以说是很多推广方式的基础，没有写作，没有专业性的文章，就无从谈建立网站、博客、微信公众号或者是出版书籍和发表文章了。

下面我结合自己这几年的律师营销经验谈谈律师写作的重要性以及如何利用写作进行突围的几个问题。

第一个问题：为什么要写作

如果你是一个不写作就不舒服的律师，这个问题基本上不用我回答。如果你不太喜欢写作，那么可能要好好思考一下这个问题，毕竟你选择了律师这一行。在我国，律师曾经被叫作"刀笔先生"，我的理解是以笔为刀，笔就是我们的武器，说明律师写作的重要性。以我们律师工作而言，不管是诉讼律师还是非诉律师，均要写大量的材料，要写法律意见书、起诉状、答辩状、代理词等，可见写作这件事贯穿于律师工作的始终。其实写作最重要的意义并不在于律师营销，更多的是对自己律师工作的回顾与总结，是留痕的过程。此外，通过写作可以将自己好的经验分享给他人，也是一个互相交流的过程。最后，写作也是打开自己社交的方式，即律师营销的一个重要方式。

在所有写作的理由中，我最反对的就是为了写而写。律师营销固然重要，但是以营销为目的的写作可能会适得其反。比如，有些律师在执业初期缺乏案源，既有写作的动力也有写作的时间，这个时候经常为了迎合读者的口味进行写作，最明显的就是蹭热点，然后写一些跟自己执业领域无关且类似于新闻性质，读完也不会留下深刻印象的文章。此类写作就是典型的为了写作而写作。需要明确的是，写作，首先是为自己，其次才是为他人。如果一篇文章对自己没有帮助，那写的意义何在？对自己都没有用的东西，他人看了也不会有多大用。另外这种写作还有一个致命的缺点：一旦这名律师案源充足便会立马丧失写作的动力，这种功利性质的写作终究如昙花一现，不会长久。

第二个问题：写什么

前几天我和一名校友聊天，提到了学术型律师的问题，我认为学术型律师在律师行业里很少或者几乎不存在。如果你赞同术业有专攻，且专攻一门领域需要时间，你大抵会认同我这个观点，这是因为律师没有时间搞学术，我们所认为的学术大概是对某一个问题有所专研，在我看来律师成不了像高校、研究所中的那些学术大咖。但我并不反对律师写研究性的文章，并且十分支持律师写研究性的文章，如针对某一个问题的研究、针对某一类案件的研究。

研究性的文章一定要能解决实务问题，千万不要凭空想象问题。实务问题如果已经有人撰文解决，也不建议写，除非你能写出独特的观点。那么有人就要问了，那是不是就没有问题可写了？我的做法是从案件中发现问题，很多问题实际上前人都没有写过，只有在案件中发现的问题才更具有现实意义。

除了研究性的文章，我觉得还有执业感悟类、总结性的文章可以写，这些文章往往是自己的切身感受，写出来会比较真实，有时候会比较实用。比如，我曾经写过一篇《南京铁路运输法院立案指南》，就是将自己第一次去南京铁路运输法院立案的经历写了出来，很长一段时间内只要在百度搜索“南京铁路运输法院”，这篇文章都是排在搜索结果的第一篇。

另外要发挥团队的作用，有些文章在写作前期需要准备很多资料，这些资料都需要收集、整理。如果能够借助团队来完成那是最好不过了，要相信团结就是力量。

第三个问题：在哪里写

“站在风口上，猪都会飞。”我很认同这句话。我们现在有些律师开始建立自己的个人微信公众号，然后带着一股热情投入创作中，每天都坚持写作，但需要注意的是，现在并不是利用微信公众号进行自媒体营销的好时代。如果再早几年，不管写什么，只要坚持写都容易拥有上万粉丝，然而微信公众号的红利时代已经过去，现在做微信公众号的太多了。记住，第一个吃螃蟹的人才会被人记住。此外，跟微信公众号一样泛滥的还有微博。

也许有人会不服气，谁谁谁不是去年才创建微信公众号的吗，短短一年就吸粉无数。我承认总有那么一些人，才高八斗，他们轻轻松松就能写出别人想写而不得的文章，他们无论是搞微信公众号、微博还是博客，都能迅速走红，但这毕竟是少数，大多数律师还是如你我一般的普通人，我们不能以这些极端案例来激励自己。

在文章的发表上，我的第一个建议是寻找大一点的平台发表，比自己重新建立微信公众号发要好。以我们知识产权法律服务为例，大一点的平台包括中国知识产权报、知识产权那点事、IPRdaily等，在这些平台发意味着有更多的人可以看到你的文章，前提是你的文章要有一定的质量。

我的第二个建议是，无论如何都不要忽略自己个人博客或者网站的打造。为什么这个很重要？这是因为无论在任何时候，只有自己的博客或者网站才是最安全的，把东西发在别人的平台上没问题，但同时自己的网站也需要发，万一有一天别人的平台倒闭了，至少你的网站还有备份。更重要的是，只有网站才是一切搜索引擎都不会放弃的搜索对象，前提是网站要合法合规。

最后，有条件的可以出书，可以将文字内容转变为音频、视频等其他多媒体形式，实现一篇文章，多种用途。

律师网络营销三步走

在整个律师工作中，律师营销是非常重要的环节，没有律师营销，别人就不知道你，别人不知道你就没有客户找你，没有客户找你，你就没有案子可以做。

律师营销说白了就是让客户认识律师、了解律师、选择律师的一个过程，这是律师营销的三个关键步骤。很多律师仅仅停留在第一步，在很多律师看来律师营销就是打广告，但如果把律师营销仅仅理解为这样，你的律师营销之路将会是死路一条。

律师营销涉及内、外两个方面。内是自我提升，外是自我推广，这两个方面相辅相成、缺一不可。从营销的途径看，有网络营销和传统营销两种，在这个互联网高度发达的时代，前者显得越来越重要，而且成本不高，虽然律师网络营销又可以分为很多种，但是我要着重讲一下以专业文章为主的律师网络营销。

第一步，让客户找到你

律师网络营销就是律师针对网民中的客户展开的营销，而律师网络营销首先要考虑如何让客户找到你。一个人在网上认识一个律师，其实是一个概率问题，律师网络营销所做的一切努力都是将这个概率提高。

我认为律师网络营销的第一步就是打造属于自己的个性化网络标签，个性化网络标签包括律师执业的地区和领域。从律师执业的地区而言，一般都是以城市为范围的。从律师执业的领域而言，现在的发展趋势就是专业化道路，因此律师网络营销应该突出一两个专长领域。有了这些最基本的考量，实际上就定位了你在网络上的个性化标签，如“南京知识产权律师”“南京离婚律师”等，所有的网络营销都应当围绕着个性化的标签展开，只有具备个性化标签，才能提高网民认识你的概率，否则整个律师网络营销将会变得毫无重点和优势。

从目前的律师网络营销推广途径来看，律师网络营销往外推主要体现为这么几个途径：微博和微信订阅号、律所官网、大型律师网站、博客和个人站。下面我分别谈谈这几个途径的优劣势。

1. 微博和微信订阅号

和微信订阅号相较而言，微博更倾向于开放，微信订阅号则更倾向于封闭，这两者有点类似，都是只有关注才能看到相应的内容，其都是靠粉丝或者关注者的转发扩大影响，增加更多的粉丝，形成更多的转发，这有点类似于在平静的湖里投入一颗石子，湖面泛起了一片涟漪，必须在其消失之前再投入一颗石子再泛起一片涟漪，否则达不到效果，因此微博和微信订阅号必须经常更新才行。另外就是微博更多地用于获取资讯，律师可以在微博上做适当的营销，但是不推荐以微博或者微信公众号为主要营销方式。

2. 律所官网

律所官网也是律师往外推广的一个重要阵地，目前律所官网偏重于律所风采展示，一般在律所官网上的都是律师个人简介，因此推广效果有限，但是如果身在一个相对来说名气比较大的律所，其被客户所浏览的概率便会大大增加。

3. 大型律师网站

我重点想说一下大型律师网站在律师网络营销中的作用，对于想迅速增加曝光率的年轻律师来说，利用大型律师网站进行网络营销是必不可少的途径。目前的大型律师网站大致有两种类型：一种是集合型律师网站，另一种是分散型律师网站。

所谓集合型律师网站是将许多律师按照城市、专业特长分类，只要加盟该网站就可获得个人页面展示，可以通过回答公众的问题来提高曝光率。一般来说，这种网站会将律师在网站上的表现进行打分，并通过积分多少给公众一个参考标准，集合型律师网站适合时间较多、热心公益的年轻律师。分散型律师网站主要是靠搜索引擎的排名，律师通过购买一个单独网站的使用权然后获得在搜索引擎中的曝光概率，分散型律师网站公司通常根据律师的城市和专长对网站进行优化，然后将网站的律师推荐改成购买其服务的律师资料，这种网站可以很容易获得搜索引擎的曝光，跟集合型律师网站相比更有针对性。但是分散型律师网站存在不少问题，如虽然网站的排名很好，但是网站往往缺乏内容，或者都是从互联网转载的其他文章，如果搜索引擎的算法变了，可能排名就不佳，而且律师一般获得的仅是使用权，按年缴费，只要不缴费，这个网站跟你就毫无关系，有些分散型网站全站都是转载他人的已有文章，还存在知识产权侵权的问题。个人更倾向于在集合型律师网站上做网络营销。

4.博客和个人网站

目前通过建立个人网站进行律师营销也很火，但是个人网站比较适合懂一些建站知识的律师。而且个人站需要持续更新，如果本身不喜欢写作，就算建了个人站也无法达到效果。特别需要指出的是个人站需要进行seo优化，现在很多建站科技公司根本不管seo优化，所以建出来的个人站无法满足seo的要求。但是不要担心，好在我们还有博客。从微博兴起之后，博客好像就衰落了，但是博客对于以专业文章作为营销内容的律师来说还是必不可少的。

第二步，让客户了解你

在现在这个“看脸”的时代，一张拍得恰到好处的证件照是律师网络营销不可缺少的利器。

律师网络营销中的个人介绍一般侧重于法学功底、成功案例和执业领域方面。如果你是著名的“五院四系”毕业的，那么恭喜你，在个人介绍中可以添上浓重的一笔，如果你不是上述院校毕业的，也没关系，你可以通过一些专业文章进行突出。成功案例的介绍也是必不可少的，这个会大大增加客户对你的信任，执业领域顺带着介绍一下就可以了。

对于有个人博客、个人网站或者加盟了集合型律师网站的律师而言，撰写法律方面的专业性文章是让客户了解你的一个重要途径，就我自己而言，有很多人就是通过我的文章找到我的。

第三步，让客户选择你

这是最难的一步，如果律师没有与律师网络营销获得的客户进行当面的沟通，则最终形成律师代理的可能性不大。有些客户仅仅是做咨询，如果是自己执业领域的法律问题，可以做个回答，如果自己对此不是很了解，建议直接告诉客户另寻更合适的律师做咨询，节约彼此的时间。如果碰到很复杂的问题，或者正在诉讼中的咨询，需要和客户另约时间做当面沟通，如果这位客户真的需要请律师，一般情况下他都会欣然赴约，爽约则表明他可能已经另寻高明或者想法有变。当面沟通的效果直接决定了客户是否选择你作为他的律师，这个过程就因人而异了，这里就不赘言了。

总的来说，律师网络营销是一个需要长时间坚持的工作，只有全身心投入才有效果，这种投入更多地体现为不间断地持续地撰写专业文章，律师正是通过撰写专业文章获得自身提高的，这就是我所谓的律师营销工作的内在方面——内外兼修，方能为律。

手把手教你用Wordpress搭建独立博客

独立博客即在域名、空间、内容上独立自主的博客，独立博客其实就是一个小型的网站。

也许有人要问，互联网上免费的博客已经那么多了，为什么还要自己搭建独立博客，在我看来，搭建独立博客是一件充满乐趣的事情，更为重要的是搭建好了之后，在互联网上你就拥有真正意义上属于自己的独立博客，对于有专业内容展示以及网络营销需求的人来说，这无疑是很有意义的一件事。

以律师网络营销为例。目前自己搭建独立博客进行网络营销的律师并不多，绝大多数律师是通过第三方的建站公司购买相应的网络营销服务，其弊端在于无法拥有独立博客真正的所有权，一旦停止续费，建站公司就会关停独立博客。并且这些独立博客无论是从域名、设计还是内容方面都难以展现律师的专业知识及形象。所以我一直倡导律师自己搭建独立博客。

2015年，我创建了王晶律师网（http：//www.wangjinglvshi.com）独立博客。三年来，我更新了上百篇原创文章，上传了数百个知识产权相关的法律法规，该博客已然成为我的一个工作平台。今天，我想和更多的朋友分享我搭建独立博客的一些心得。

序　搭建个人博客的基础知识

本文主要讲如何利用Wordpress搭建独立博客，为了便于大家理解，需要大家掌握如下术语的概念。[①]

Wordpress软件：一个开源的建站软件，正如其官方所宣传的那样，

---

① 这些术语来自Wordpress官方网站。

这款软件能够建立外观漂亮、功能强大的独立博客，更为重要的是它拥有众多的插件和主题，还有它是免费的且持续保持更新，这些都是Wordpress的优势，更多介绍大家可以点击Wordpress中文官网了解更多信息。

Wordpress主题：使用不同的主题会给独立博客带来不同的外观，而一些制作精美的主题往往需要付费取得，鉴于Wordpress拥有庞大的用户群体，有些设计师专门为Wordpress独立博客设计主题，大家可以根据自己的需求选择适合自己的主题，见图5-1。

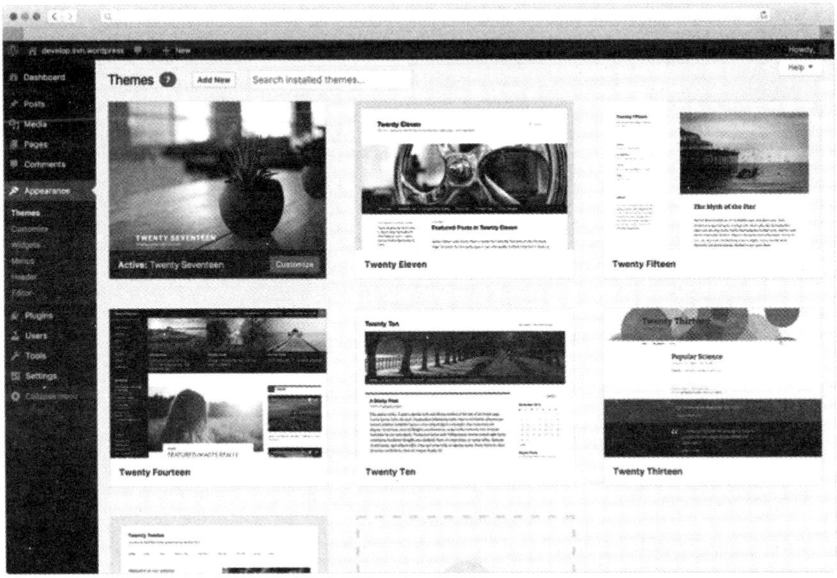

图5-1　各种丰富多彩的Wordpress主题

Wordpress插件：这些插件实现着不同的功能，有些插件能够统计Wordpress独立博客的访问量，有些插件可以拦截恶意访问，等等。目前Wordpress拥有数以万计的各类插件，足够大家建站的日常需求，同Wordpress主题一样，部分Wordpress插件的特定功能也是交费后才能使用，见图5-2。

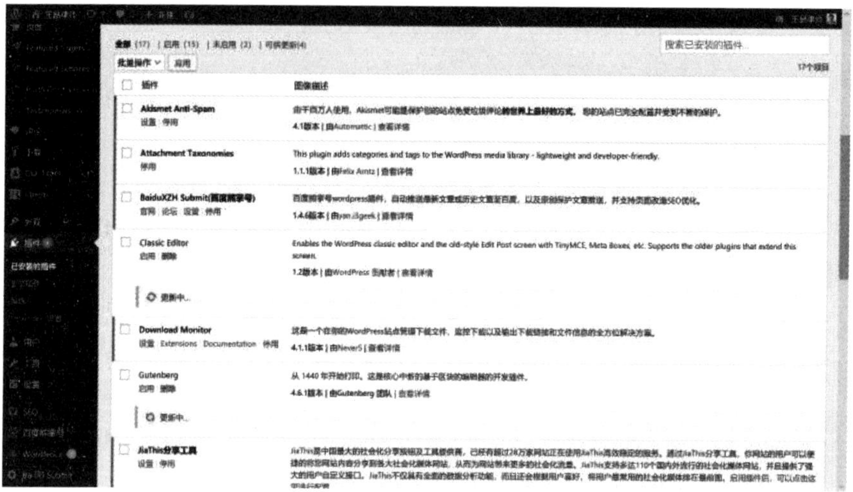

图5-2　作者个人律师网后台安装的部分插件展示

PHP语言：这是开发Wordpress所使用的计算机程序语言，中文名为超文本预处理器，是一种通用开源脚本语言。因为Wordpress是用PHP语言所开发的，因此它必须在支持PHP语言的服务器上才能运行，PHP本身免费且是开源代码。

虚拟主机：也叫“独立博客空间”，是存放Wordpress独立博客的空间，就是把一台运行在互联网上的物理服务器划分成多个“虚拟”服务器。目前虚拟主机分为国内虚拟主机和海外虚拟主机，海外虚拟主机一般不需要备案。

Mysql数据库：这是跟PHP语言配套的数据库系统，可以存放Wordpress产生的各类数据，通过备份Mysql数据库，可以在Wordpress独立博客崩溃时恢复相应的数据。

域名解析：通俗一点说就是将你购买的独立博客域名与你购买的虚拟主机绑定在一起，能够通过域名直接访问存放于虚拟主机上的独立博客文件。严格来说，你的域名和虚拟主机可以在两家购买，但是在一家服务商同时购买域名和虚拟主机，域名解析通常会更加方便快速。

网站备案：如果你购买的虚拟主机和域名是国内的服务商提供的，那么通常需要进行备案，网站备案的时间通常在半个月左右。

第一步，注册一个心仪的域名

注册一个心仪的域名是搭建独立博客的第一步。目前能够提供域名注册和虚拟主机服务的网站很多，这里以阿里云网站的服务为例，为大家图解域名注册、虚拟主机购买以及网站备案等操作步骤，见图5-3。

在阿里云的域名注册市场可以查询你想好的域名是否已被人注册，如果没有人注册那么你就可以把该域名添加到购物车，付完款你就取得了相应域名的所有权。

图5-3　以“wangjing1983”这个域名为例查询

从域名保护的角度，如果你想好的域名.com和.cn都没有被人注册，那么建议两个都注册，但实际只需要使用一个即可，比如，我同时注册了wangjinglvshi.com和wangjinglvshi.cn两个域名，但平常我只使用.com后缀的域名，.cn仅仅是出于防止别人抢注的考虑进行注册的。

在阿里云中，只要点击最上方的控制台，并且选择域名，就可以管理自己已经注册的域名。目前在阿里云进行域名注册都需要实名认证，没有实名认证的域名是无法进行域名解析和独立博客备案等相关操作的，见图5–4。

图5-4　阿里云域名实名认证界面

进入域名认证界面后，需要填写证件类型和号码并且要扫描上传（实际拍照上传就可以了），这些步骤做完后点击提交，一般3—5日会出审核结果，正常情况下都是可以通过的。

第二步，选择一个适合的虚拟主机

关于虚拟主机个人比较推荐直接购买阿里云上的云虚拟主机，建议大家购买高级版的，对于搭建独立博客而言足矣，见图5-5。

图5-5　阿里云上展示的几种云虚拟主机

虚拟主机购买完之后，需要对其进行一些设置，有几个账号和密码大家一定要提前设置好并记下来，因为后面的步骤中需要使用。

第一个是主机管理控制台用户名和主机管理控制台密码，这是进入虚拟主机管理控制台的账号和密码，见图5-6。

第二个是FTP登录用户、FTP登录密码和FTP登录主机地址，这是FTP登录必需的信息。

第三个是数据库名称、数据库链接地址、数据库用户名以及数据库管理密码，这些信息是安装Wordpress必需的信息。

图5-6　账号密码在后台的账号信息显示

在记录下上述账号和密码后，最后需要将虚拟主机和购买的域名进行绑定，也就是域名解析。点击左侧的“域名管理”，选择一个你想要的域名进行绑定，如果域名备过案，那么绑定完成之后会提示你立即备案。域名显示如图5-7。

图5-7　域名显示

打开未备案的网址我们可以发现如图5-8所示的页面：

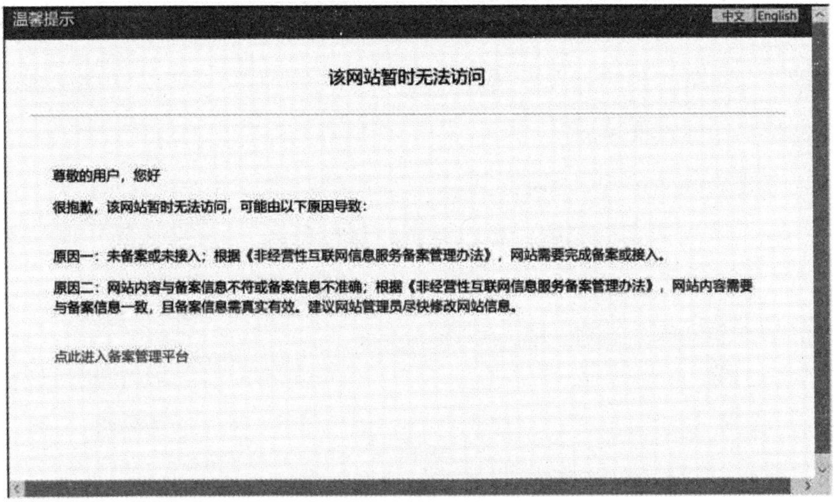

图5-8　在域名没有备案的情况下，页面的提示

我们再换一个已经备案过的域名进行绑定，绑定后我们打开网址可以看到如图5-9所示的页面：

图5-9　打开时的页面

备案过的域名和虚拟主机绑定后，能够正常打开，但我们发现没有网站内容。

第三步，网站备案

网站备案是决定你的独立博客能不能合法运营的重要一步，也是在整个独立博客搭建过程中最耗时的一步，这里仅以阿里云的网站备案为例说明相关操作步骤。

在域名和虚拟主机绑定完成之后，就可以进行网站备案了。

在刚才虚拟主机的后台界面点击“立即备案”，就会跳转到网站备案的首页，根据首页的介绍，网站备案包括进入备案系统、填写信息提交初审、上传备案资料、管局审核等步骤，如图5–10所示。

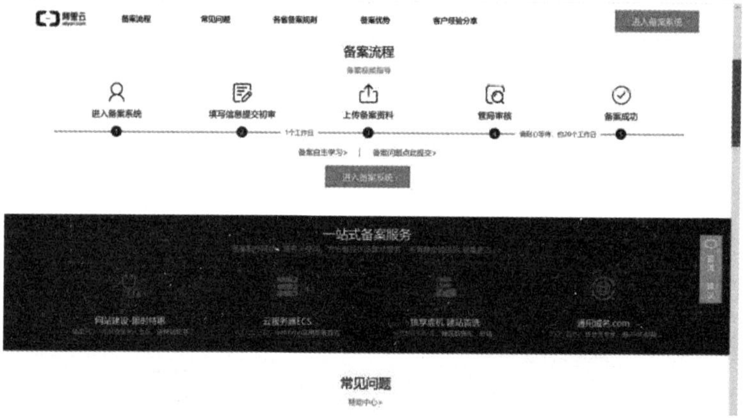

图5-10　阿里云网站备案的页面

点击进入备案系统，填写各类信息，如图5–11所示。这里特别需要注意的几点是：

1. 目前个人网站备案需要域名持有者和独立博客所有者为同一人；

2. 个人网站的网站名称一律写××的个人博客、××的个人主页；

3. 网站内容的标准模板一般为“本网站为个人网站做个人学习总结使用，网站开通后主要内容为个人学习总结”。

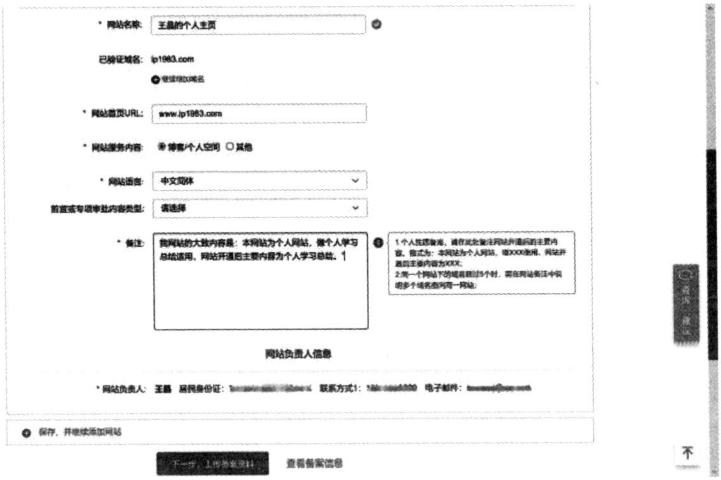

图5-11　需要填写的各类信息

点击“下一步”就会进入上传备案资料页面，主要上传居民身份证、网站备案信息真实性核验单还有域名证书，如图5-12所示。

图5-12　上传资料页面的部分截图

其中网站备案信息真实性核验单的范本如图5-13所示，大家需要下载后打印出来签字然后再扫描上传，尤其需要注意的是签字不能太潦草，否则会无法通过审核。

在备案过程中还需要拍照，拍照必须要在印有“阿里云”字样的幕布前进行，且人需要站在中间，如果是第一次备案，可以申请阿里云邮寄幕布，幕布照只需要拍一次，后续的备案可以重复使用。

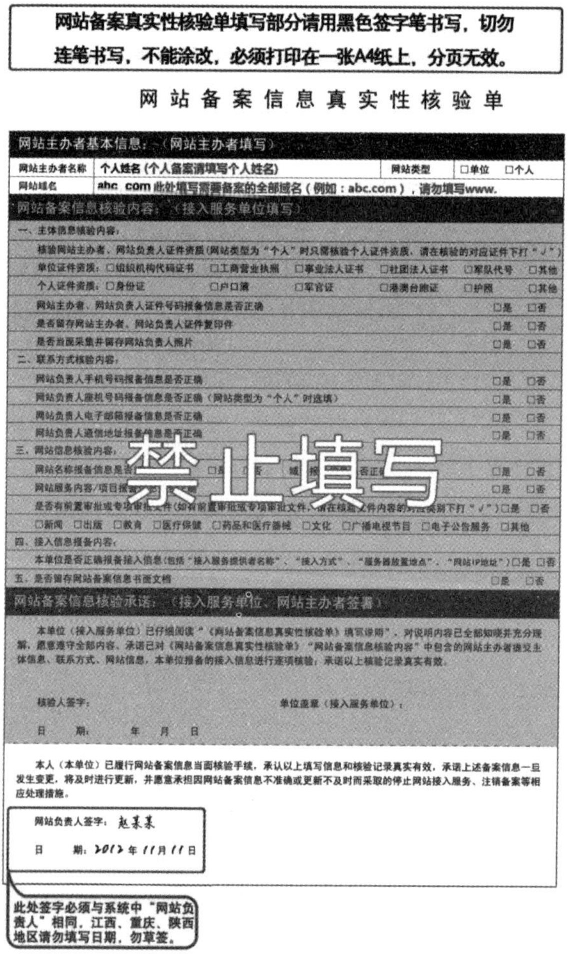

图5-13 核验单的填写范本

上传完幕布照之后就提交审核，这个过程比较漫长，管局一般会打电话核实，大家保持自己的手机畅通即可。然后你会发现某一天你收到了管局的备案通过的短信通知，这个时候我们终于可以进入搭建独立博客的后续程序了。

第四步，安装Wordpress程序到虚拟主机

在这个步骤中，你需要先下载最新的Wordpress压缩包，下载地址就在其中文官网中，下载的页面截图如图5-14所示，确保大家能够正常下载。

图5-14　下载页面（点击下载，保存在电脑桌面即可）

这时，你还需要借助一款FTP软件将上述压缩包上传至虚拟空间，这里我推荐FlashFXP，建议大家购买正版。图5-15为打开界面。

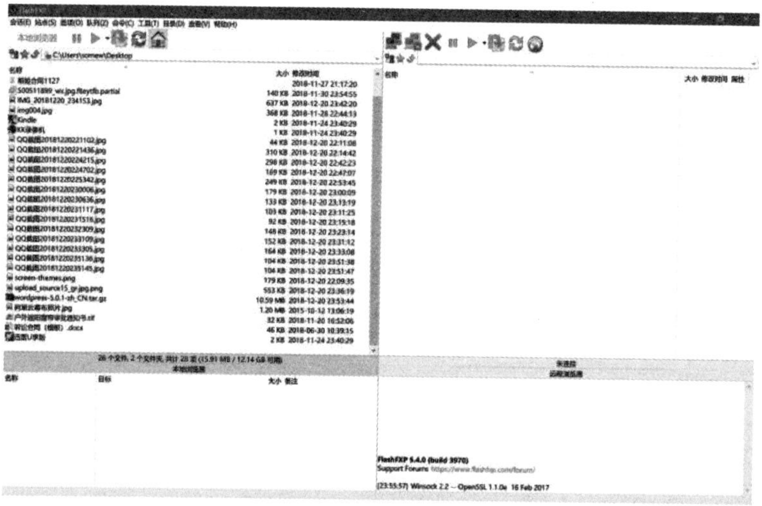

图5-15　FlashFXP的打开界面

打开站点管理器，输入FTP独立博客，登录用户名及密码，如图5-16所示。

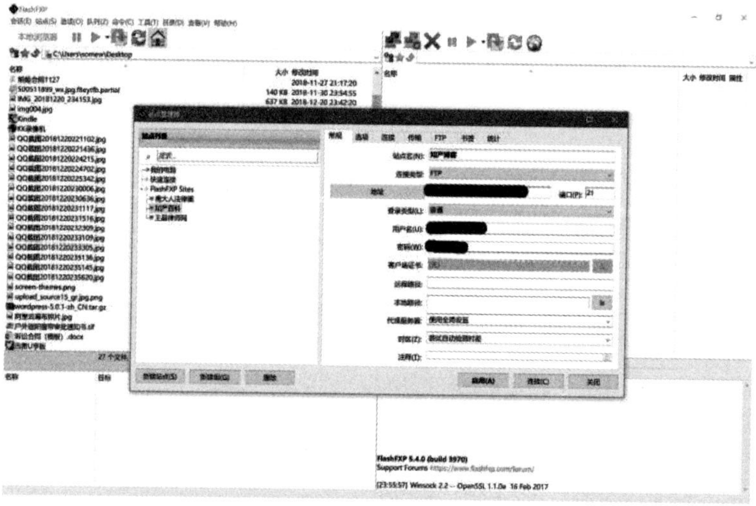

图5-16　站点管理器页面（使用站点管理器存储相关信息，避免重复输入）

点击“连接”，我们可以看到在软件的右侧已经显示出网站连接后的信息了，如图5-17所示。

图5-17　网站链接后的显示

建立FTP联系之后，打开右侧网站htdocs文件夹（这是根文件夹），你需要做的就是将刚才下载的Wordpress压缩包传输至该文件夹，如图5-18所示。

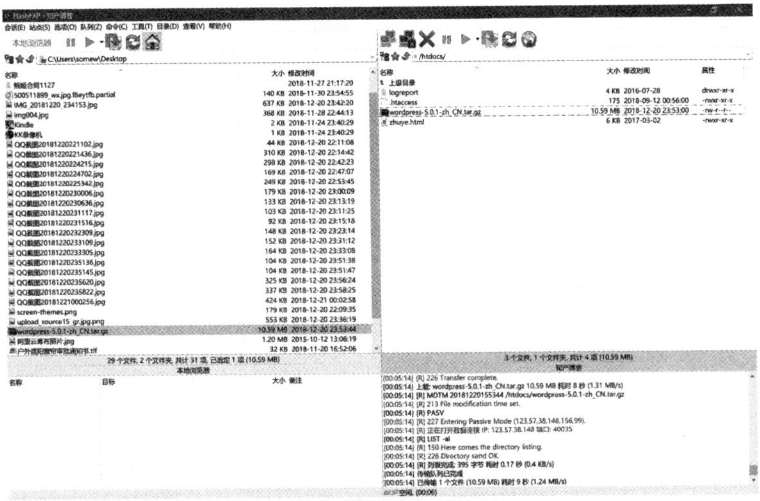

图5-18　传输完毕后网站界面的压缩文件包显示

这时回到阿里云相应的虚拟主机管理界面，我们通过虚拟主机自带的文件解压缩功能解压上述压缩包，并且将文件解压到根目录，如图5-19所示。

图5-19　选择根目录后，解压缩目录的显示（一个斜杠）

解压完成后，我们回到FlashFXP软件刷新，会发现原来的根目录有一个Wordpress文件夹，如图5-20所示。

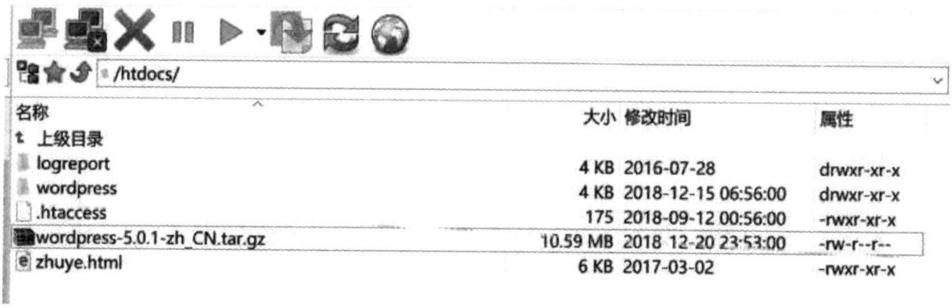

图5-20　Wordpress文件夹

这里我建议大家将Wordpress文件夹内的所有文件均移动到根目录下（如图5-21所示），我们就可以安装Wordpress了。

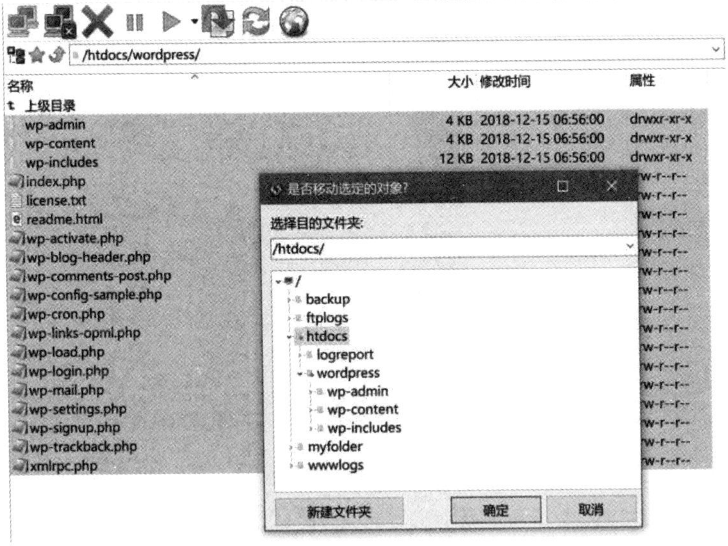

图5-21　移动Wordpress内所有文件到根目录显示

移动之后，我们可以看到网站根目录的文件如图5-22所示：

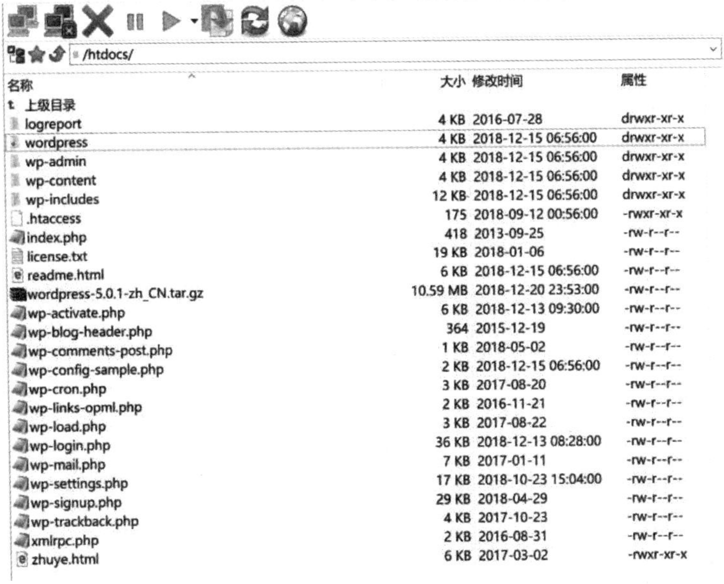

图5-22　网站根目录文件

这个时候，基本上可以关闭FlashFXP软件了，让我们访问新设的域名，开始激动人心的Wordpress安装之旅。

如果一切正常，打开后会出现如图5–23和图5–24所示的界面：

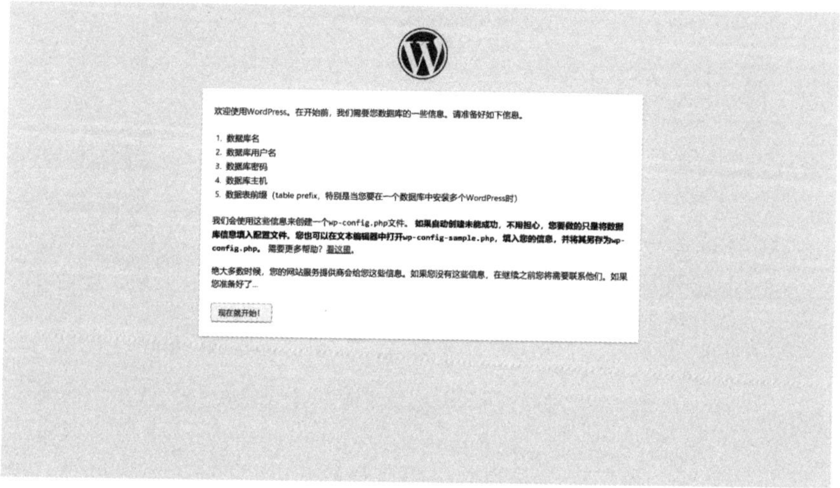

图5–23　界面1（点击“现在就开始!”）

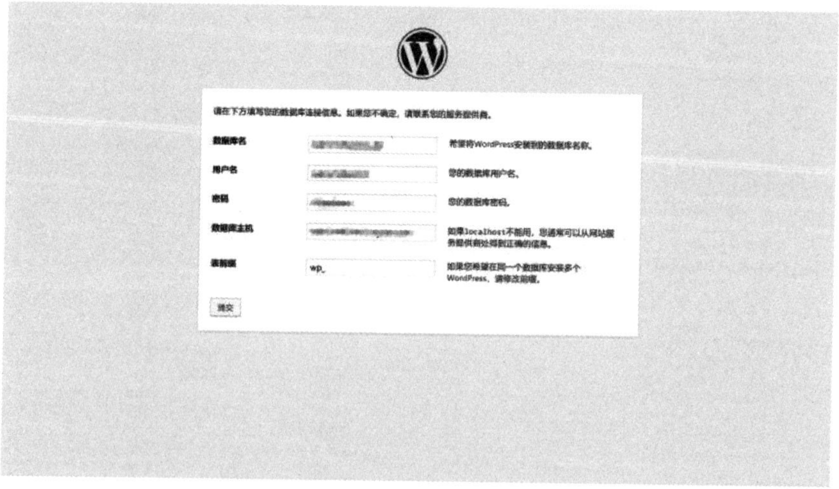

图5–24　界面2

填写数据库名、数据库的用户名、密码及数据库主机的网址，填写完毕后点击“提交”。后出现如图5–25所示的界面。

图5-25　填写完毕后的界面

点击“现在安装”，安装界面如图5–26所示。

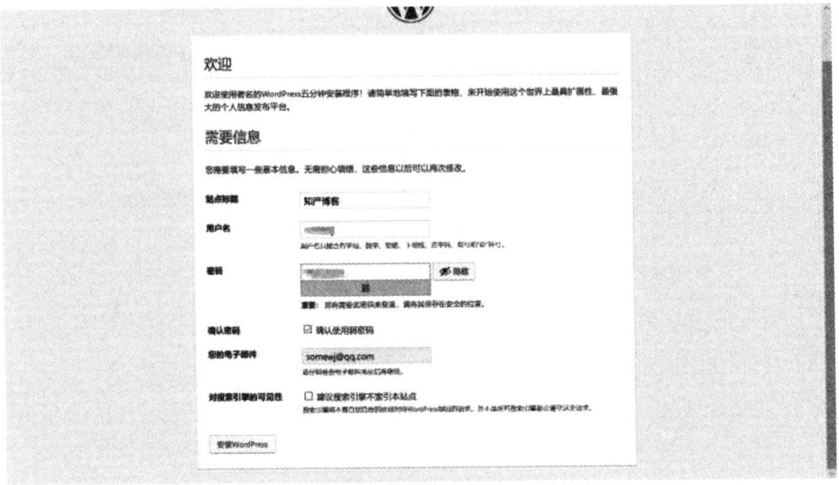

图5-26　安装界面

填写独立博客的标题（独立博客的名称）、用户名（这里指的是管理员账号的用户名）及密码，如果密码安全性比较弱，请勾选下面的“确认使用弱密码”，再输入电子邮箱，建议大家不要勾选“对搜索引擎的可见性”，因为要的就是搜索引擎能够搜索到这个独立博客，填写完毕后点击“安装Wordpress”，如图5-27所示。登录界面如图5-28所示。

图5-27　安装成功界面（不出意外，你会看到上面这个界面，点击“登录”）

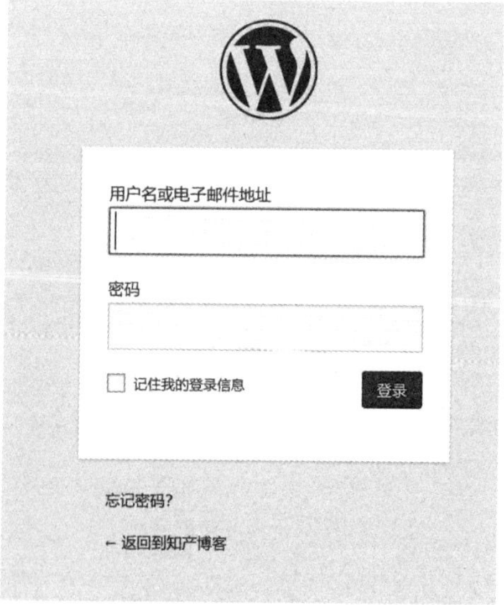

图5-28　登录界面

输入用户名和密码，我们就会登录到独立博客的后台，如图5-29所示。

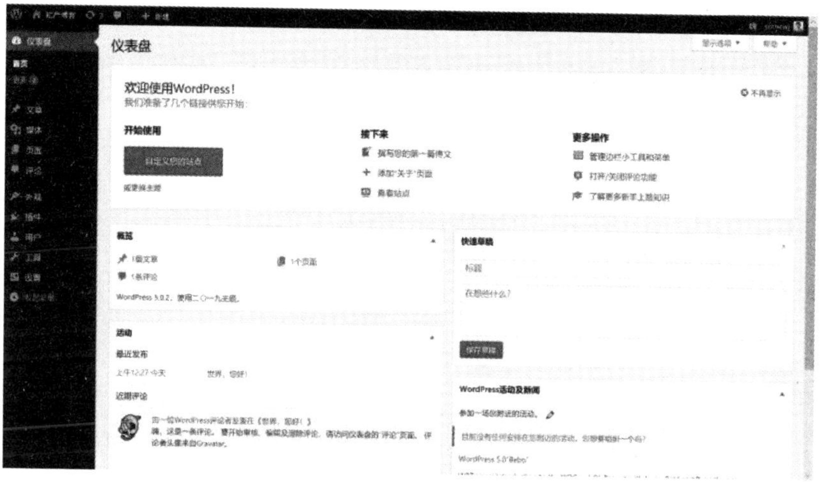

图5-29　后台界面

我们简单对独立博客做一些设置，当然你可以先给独立博客换一个好看的主题，如图5-30所示。

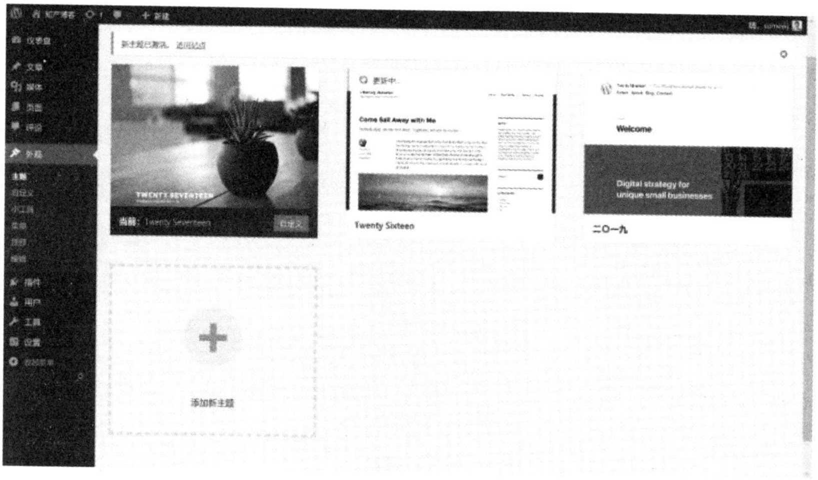

图5-30　设置主题界面

这个时候，打开首页，你会发现你终于拥有了一个属于你自己的独立博客，如图5-31所示。

图5-31　独立博客界面

需要说明的是，独立博客搭建完成只是进行独立博客之旅的第一步，后续对于独立博客的更新和维护更为重要，选择一个合适的主题，安装一些有用的插件，并且能够做到经常更新，这样你的独立博客才能真正发挥作用。

律师营销，无论采用何种形式，都不要捕风捉影、罔顾事实。律师营销的基本前提就是真实。一切不真实的律师营销都是误入歧途。

对于不真实的律师营销，我们做律师的一定要摈弃。虚假宣传能够成功在很大程度上取决于信息的不对称，在目前这个大数据及互联网时代，信息的不对称已经大幅度减少，各类案例库也都存在，你做了几个案子，大家上中国裁判文书网一搜就知道了，所以回归真实、体现专业性才是律师营销的长久之计。

律师时间管理的10个小窍门

律师是一个真正靠出卖时间来获取金钱的职业，每一分每一秒对于律师来说都非常宝贵，因此掌握一些基本的时间管理窍门非常重要，不仅会让律师在繁重的脑力劳动中节省大量时间，而且能够令其享受到更多律师执业的快乐。下面这些小窍门来自日本小山龙介所著的《整理的艺术》系列丛书，笔者读后受益匪浅，特结合律师工作的特点整理总结了以下10条。

1.能扔掉的纸质材料一定要毫不留情地扔掉

事实证明，电子资料便于管理、传输，因此除一些原件要保留外，其他纸质材料可以直接扫描后存入个人电脑，这样会省去很多找资料的时间。

2.诉讼材料按照"日期－审级－张三wV李四－文件名"的格式来命名

律师工作每天都会产生大量的电子文件，对于诉讼律师来说尤其如此，通常我会把诉讼材料按照如上格式命名，对于文件的基本情况一目了然，并且便于查找。

需要解释的是"张三wV李四"表示张三诉李四，张三在前表示张三是原告、上诉人，而张三后面的w则表示我代理的是张三一方，"张三V李四w"则表示我代理的是被告李四一方。

3.一机双屏，拓展工作领域

一个屏幕用于阅读，另一个屏幕用于写作，最大限度节省文件来回切换的时间。

4.睡前输入、睡时工作

科学研究表明，人在睡着时大脑还会继续运转，小山龙介则发现如果睡觉之前在自己的脑袋里装几个问题，睡醒了可能会有意想不到的收获。

5. 用香精、干花等治愈系物品转换思维模式

在办公桌上放些香精、干花，通过改变环境因素刺激思维的活跃，对了，治愈系物品一般要摆在容易让人心神不宁的地方。

6. 用名片管理软件来管理你的名片

律师工作应酬较多，名片交换也很频繁，我一般都是用名片管理软件来管理名片，只需要对着名片拍个照，然后软件就会自动识别文件，存储到系统里面。

7. 艾维·李的金点子

昨天无法完成的事情，我们必须把它归入第二天的任务之中，并排好优先顺序，一一完成。这就是艾维·李的金点子。

8. 日程表的使用原则

两分钟内能够完成的事情立马去做，如回一通电话、传达一件事情。把耗时15分钟以上的工作写入日程表，用不同的颜色区分不同的日程安排。比如，可以将工作计划标为蓝色、私人计划标为橙色、学习和培训计划标为绿色，颜色的喜好因人而异，但是务必控制在三个以内。

9. 周一尽量不会客、周三尽量安排见面

使用好周一是律师时间管理的窍门，周一尽量不会客，可以做一些整理、计划工作，而周三安排会面的好处就是，如果客户或者当事人有什么问题，也能很大程度地在本周内予以解决。

10. 以25分钟为工作单位的番茄工作法

这个方法的原理是据说大多数人能持续保持注意力的时间为25分钟，因此需要每25分钟休息一次。

律师的一些良好工作习惯

1.尽量着正装

对此后文会有详述。

2.左上口袋别上一支签字笔

我习惯在衬衫的左上口袋别上一支签字笔，之所以这么做，是因为律师需要签字的地方特别多，如果不有意这么做，可能会在需要签字的时候疯狂找笔，这就浪费了时间。对于签字笔的品牌不限，但是颜色最好是蓝黑色，因为蓝黑色的字迹在复印后会跟原件差别很大，这就保证在签署相关法律文件时能够一眼看出原件，这在经常需要留存复印件的时候非常有用。如果有什么是律师神圣而不可侵犯的私人财产，那么就是签字笔了。

3.不要随便承诺当事人

有时候律师为了接案，对于当事人的要求总会有一定程度的迎合，我的意见是可以迎合，但不要随便承诺当事人。之所以不要随便承诺当事人，是因为一旦承诺了，就会拔高当事人的期望值，对于律师后面的工作开展来说无形中会提高要求，不是说不能对律师严格要求，但有些较真儿的当事人轻则对律师颐指气使，重则对律师举报投诉，为了避免不必要的麻烦，我们可以在心里坚定“维护当事人的合法权益”的信念，但是承诺还是尽量不要做出。

类似的还有不要随便接受当事人的宴请、不要随便和当事人发展案外情谊。

4.养成良好的文件命名习惯

有一次和同事合作一个案件，他负责撰写起诉状，等我收到他发过来的起诉状时，其他地方都很满意，但是偏偏文件命名为“起诉状”，我不禁皱起了眉头，这样一份命名的文件，如果我把它存在电脑里，该怎么查找呢？

所以养成良好的文件命名习惯很重要，这里介绍一下我对诉讼文件命名的做法。

命名格式如下（如图5-32所示）。

第一层级文件夹：20180101-张三

第二层级文件夹：20180102-1-张三wV李四

第三层级文件夹：文书-1-张三wV李四

资料-1-张三wV李四

单个文件名：20180110-1-张三wV李四-起诉状

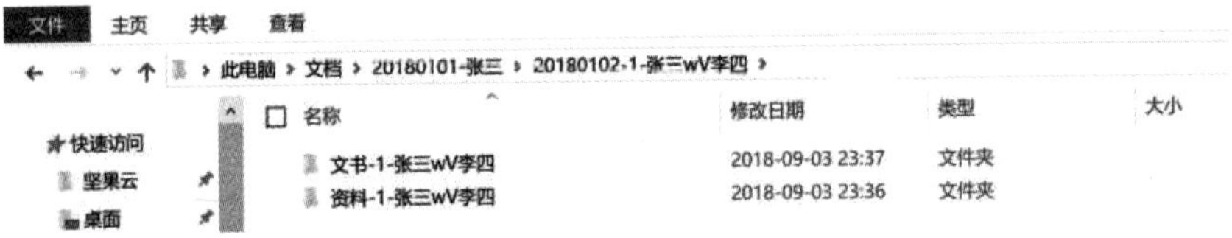

图5-32　命名示例

5.用安卓手机，开自动通话录音功能

我在很多案件中都会用到通话录音，如果经常用通话录音的方式进行取证，为了避免挂一漏万，还不如直接用安卓手机，然后在通话设置里打开自动录音功能，这也是我一直不用苹果手机的原因。

如果是作为证据使用，大家控制一下通话的时间，根据我的经验，正常语速通话10分钟左右，整理出的文字稿大概在3000字，所以为了避免后期整理时间过长，大家可以自己控制通话时间。也许有人要问为什么要整理文字稿，因为这是大部分法院对于通话录音的证据要求。

6.不要留存当事人的资料原件

除了律师自己取证的公证书，其他任何原件都不要存放于律师处，尽量让当事人提供复印件，开庭需要用原件的提前一天让当事人送来，如果当事人坚持听庭则让他当天带过来，开完庭立即将原件还给当事人，必要时让当事人在材料交接清单上签字。

7.及时记录汇报工作进度

不管是对自己的老板，还是对自己的客户，记录并汇报工作进度很重要。尤其涉及法院判决或裁定书，我一般会在收到后当天汇报当事人（因为自己还要看一遍整理汇报思路）。

第六章　实用技能分享

如何进行知识产权侵权案件证据的收集

知识产权侵权案件的证据大概分为原告篇和被告篇，而知识产权侵权类案件本身举证具有一定的套路，对于原告而言，主要是举证证明以下三个方面：第一是权属的证据，第二是侵权类证据，第三是损害赔偿类证据。为了便于读者更好地收集证据，笔者特意整理了如下常用证据。

一、权属证据收集

1. 专利权权属

（1）专利权证书；

（2）专利年费缴纳收据；

（3）专利转让合同；

（4）专利登记簿副本；

（5）专利许可合同。

2. 商标权权属

（1）商标注册证书；

（2）商标公告；

（3）商标续展注册证书；

（4）商标注册登记证明；

（5）商标转让合同；

（6）商标局登记公告文件；

（7）商标许可使用合同；

（8）支付转让、许可费用的支付凭证；

（9）撤销注册商标决定的文件。

3. 著作权权属

（1）作品底稿原件；

（2）合法出版物；

（3）著作权登记证书；

（4）认证机构的证明（如国家版权局出具的认证材料）；

（5）取得权利的合同；

（6）符合行业管理的权利人声明；

（7）作品首发署名。

二、侵权证据收集

1. 被控侵权产品（商品、作品）实物；

2. 产品包装；

3. 产品说明书；

4. 宣传册及网页介绍；

5. 产品展出或销售的邀约手册；

6. 相关合同、发票及单据；

7. 产品交易订单、销售记录；

8. 其他证明侵犯知识产权的证据。

三、损害赔偿证据收集

1. 被告公开的经营信息

（1）审计报告；

（2）上市公司年报；

（3）招股说明书；

（4）财务账簿；

（5）会计凭证；

（6）销售合同；

（7）进出货单据；

（8）许可使用合同；

（9）设备系统存储的交易数据；

（10）公司网站；

（11）产品宣传册或其他媒体上公开的经营信息。

2.第三方平台可查的数据

（1）商品流通数据；

（2）评估报告；

（3）市场监管、税务、金融部门的记录等。

如何评估原告知识产权的稳定性

知识产权往往是通过注册、申请等方式取得的，因此即便是国家知识产权局颁布的权利，也不一定就是稳定的。在知识产权侵权诉讼案件中，原告的权利是否稳定是需要关注的第一个问题。

一般来说，专利权获得授权的条件要满足新颖性、实用性和创造性的要求，并且技术常常是迭代的。从无到有创造出一项技术难度很大，因此很多专利都是在前人的技术上改进的，并且由于专利新颖性的评价范围是全世界，一项技术在日本是新的，在中国可能就是旧的，这种情况经常发生。因此，专利权虽然是最难取得的，但往往也是最容易被无效的。对于注册商标专用权而言，如果涉及的是文字商标，那么其一般比较稳定，如果商标上还有图形，则要看这个图形有无侵犯他人的在先权利。下面，笔者结合自己的工作实践，谈谈如何简单判断常见权利是否足够稳定。

一、专利权的稳定性评估

对于专利权而言，由于经常会遭遇无效，所以当我们代理原告这一方的时候需要特别小心，对于专利权的稳定性要有一定的预判，具体可以按照下面的方法操作。

第一步，询问一下和专利相关的研发过程，主要包括遇到的技术问题、发明所采用的构思、是否国外已有成熟的技术、在申请前是否已经公开销售及公开销售的方式、研发人员是否属于一年之内入职的（包括入职前跟前东家有无签订竞业限制协议、保密协议；现在的研发成果是否跟入职前东家安排的工作相关；是否属于共同研发，如属于共同研发，专利申报时有无经过所有人同意；发明的改进属于大改进还是小改进）等。

第二步，询问有无做过专利权评价报告，根据《专利法》的相关规定，实用新型专利和外观设计专利在起诉时如果没有做过专利权评价报告，则当对方在答辩期针对原告的专利提起无效宣告时，法院可以中止诉讼。所以如果代理的是实用新型和外观设计专利权诉讼的原告，最好请原告事先做一个专利权评价报告，具体可参见国家知识产权局网站的专利权评价报告的出具方法。

第三步，询问有无按时缴纳年费，年费票据是否留存。按照《专利法》的规定，如果没有按时缴纳年费，专利权是会被终止的，如果是受让别人的专利，最好是做一个专利登记簿副本。因为专利权证书只发一次，如果是通过受让取得别人的专利，则受让人是没有专利权证书的，而专利登记簿副本则会明确记载一项专利的最新权利状态。

第四步，进行初步的专利检索判定。在这一步中，比较重要的是检索权利人自己之前申报过的专利。我们有些企业不太懂专利申报的策略，经常会将一个产品申报好几项专利，遇到这种情况，作为代理人的我们要帮助他们进行甄别。这里面隐含着一个比较重要的问题，那就是如果权利人自己将产品做了些许改进，申报了好几个专利，则在先的权利作为现有技术可以无效掉在后的专利，这也是对方在做专利无效时经常采取的检索策略。除了检索权利人自己的相关专利，还要设定相关的关键词在不同的专利数据库中进行检索。

以上四步是笔者经常用来判断原告的专利权是否稳定的方法，但即便如此，我们仍然不能保证原告的专利权就一定稳定，需要具体情况具体判断。但是有一点需要提醒大家，如果原告的专利明显是抄袭竞争对手的专利，那么在这种情况下，一定不要贸然代理，否则可能会构成知识产权恶意诉讼，律师可能也要承担一定的法律责任。

二、商标权的稳定性评估

一般来说，注册商标只要不是模仿的别人的商标，或者没有侵犯他人在先的权利，则通常情况下不存在稳定不稳定的问题。这也是商标侵权诉讼中，被告一般不会通过无效掉原告商标的方式进行抗辩的原因，但即便如此，仍然要判断一下原告商标权的稳定性。判断商标权稳定性的方法如下。

第一步，了解一下商标的设计情况，尤其是原告的商标中含有图形或者是纯图形商标的，需要询问是不是其自己设计的，如果是第三人设计的，那么其和第三人之间有没有设计合同，设计合同中有没有约定著作权的归属，如果是本单位员工设计的，则要考虑相关权属有没有转移至公司名下。

第二步，了解一下商标的使用情况，如果商标注册了没有使用，则需要重点关注没有使用的时间。比如，超过3年不使用有可能会被撤销，即使没有超过3年不使用，由于商标的利益都是在使用中产生的，那么在商标不使用的情况下，法院也有可能对赔偿数额判决不高。除了有没有使用，还要重点关注一下商标在实际使用中的形态，如有无改变注册商标的形态、注册类别和使用类别是否一致等问题。

三、判断著作权的稳定性

相较于专利权和商标权是否依申请取得的不同，根据我国《著作权法实施条例》“著作权自作品创作完成之日起产生”的规定，以及《著作权法》“在作品上署名的自然人、法人或者非法人组织为作者”的规定，著作权的稳定性判定实际上就是对著作权权属的判定。

也正是由于著作权自动取得的性质，在实践中会出现无法认定作者的情况，并且著作权登记证书虽然可以载明相关的著作权归属，但是由于著作权登记不进行实质性审查，因此仅有著作权登记证书也不能确定著作权人。作为知识产权律师，当遇到一个所谓的著作权人拿着著作权登记证书要求你替他维权而你就相信了的话，有可能会引发执业风险。

在实践中，除有将他人作品登记成自己作品的情况外，甚至有一部分权利人会伪造著作权登记证书。因此对于知识产权律师而言，在接案时对著作权权属的审查是很有必要的。这种评估一般包括以下三个步骤。

第一步，审查作者的创作能力。比如，来维权的是一篇小说的作者，那么你需要看看他写过的其他小说，进一步确认其创作能力，当然知名作家的知名作品可以适当略过以上步骤。如果该小说已经出版发表，则重点审核这个人是不是作者本人。比如，来维权的是一幅摄影作品的摄影师，那么你可以要求他提供一下相关的摄影作品，来确认其是否具有相应的摄影技能。

第二步，审查相关作品的创作素材和底稿。对于摄影作品而言，由于现在多数情况下使用的是比较高级的相机，而正常情况下摄影作品的原始文件会比较大，那么你可以要求请求人进一步提供原始文件。如果是文字作品，尤其是用纸笔创作的文字作品，可能会存在底稿。

第三步，审核发表情况。目前著作权领域侵权判定的规则是“接触+实质性相似”原则。所谓接触，是指被告有可能接触到作品，如果一个作品在创作完成后完全没有发表，那么很可能说明被告没有接触的可能性，因此发表的情况我们需要考虑。在权属的认定上，发表也是作品形成时间的一个重要证据，通常情况下只有在后作品侵犯在先作品的情况，因此如果我们能发现作品发表时间在先，则在一定程度上可以证明我们的权属。

四、判定商业秘密的稳定性

和著作权一样，商业秘密本身也是自动产生的；但和著作权不一样的是，著作权只要符合独创性要求即可受到法律保护，而商业秘密除了本身要是秘密（不为公众所知悉），还要被采取了保密措施。

在实践中，对于秘密性的判断有时需要依赖司法鉴定，所以知识产权律师本身也没有办法判断，但是对于保密措施的判定，还是可以进行的。

具有下列情形之一，在正常情况下足以防止商业秘密泄露的，应当认定原告采取了相应保密措施：

（1）签订保密协议或者在合同中约定保密义务的；

（2）通过章程、培训、规章制度、书面告知等方式，对能够接触、获取商业秘密的员工、前员工、供应商、客户、来访者等提出保密要求的；

（3）对涉密的厂房、车间等生产经营场所限制来访者或者进行区分管理的；

（4）以标记、分类、隔离、加密、封存、限制能够接触或者获取的人员范围等方式，对商业秘密及其载体进行区分和管理的；

（5）对能够接触、获取商业秘密的计算机设备、电子设备、网络设备、存储设备、软件等，采取禁止或者限制使用、访问、存储、复制等措施的；

（6）要求离职员工登记、返还、清除、销毁其所接触或者获取的商业秘密及其载体，继续承担保密义务的；

（7）采取其他合理保密措施的。

通过上述方法可以初步判断知识产权权利的稳定性，但在个别知识产权权利不稳定的情况下，当事人可能仍然要求律师起诉，这个时候如果律师已经履行了足够的风险提示义务，那么可以让当事人出具下面的权利声明来规避自己的执业风险。

知识产权权属声明

我/（姓名）/（公司名）是……（号）专利/商标/著作权的权利人，该……由本人独立/与×合作研发/创作完成，我保证该……权利归属和来源真实有效。如在诉讼过程中该……被对方或第三人宣告无效或证明权属非本人/（公司名），由此导致的不利诉讼后果由我/（公司名）自行承担，与受托方（律所名）无关。

特此声明！

声明人：×××

时间：×××

律师需要怎样的专业化

律师圈很流行的一个词就是“专业化”。对于什么是专业化，却鲜有深刻的看法。一般来说，如果某个律师专门从事某个领域的案件，其他人就会说，“这是离婚律师”“这是知识产权律师”“这是……律师”。

但我以为，这种对于律师专业化的看法其实是很肤浅的，专门从事某个法律服务领域并不能说明这个律师在这个领域有多专业，案件的多少和专业化之间其实并不是等同的关系。我觉得专业化有两个要求：一个是外在的，体现律师总体执业水平的专业化；另一个是内在的，体现律师对市场理解和法律运用的专业化。大部分律师所理解的专业化与上述两个要求相去甚远。

外在的专业化，实际上是律师之所以为律师的专业化，这是律师职业区别于其他职业的专业特质所在。举个例子，写一篇文章，作家首先关注的是遣词造句，而律师要做的第一件事情就是消灭错别字。这就是律师职业严谨之体现，这种严谨，正是律师职业区别于其他职业的一个重要特质，当然我并不是否认其他职业工作不需要严谨，只是不像律师职业要求这么高而已。这种外在的专业化还体现在其他方面，如衣着、谈吐等。

内在的专业化，实际上是此律师区别于彼律师的专业化，我前面说，专门从事某个法律领域还不能说明这个律师就是这个领域的专家，我这个观点与大多数人的观点是相左的，理由是，有些法律领域根本不适合作为律师专业化的选择，如民商事领域或者刑事辩护领域，它们的范围太大了，大到即便穷尽一个律师一生，也无法掀开冰山一角。再说我现在主要从事的知识产权领域，我从来都不敢说我对知识产权案件办理很专业，只能说比一般的律师做的多一点，因为知识产权法律领域范围也很大，细分下去又有专利、商标、版权、商业秘密等。既然如此，对于内在的专业化，一定要限缩到合理的范围，如专利律师或者商标律师，这样的一个法律服务领域才是合理的。在确定好合理的法律服务领域之后，更重要的是要响应市场的号召，律师比其他法律工作者强的地方就是律师永远是离事实最近的那群人，这个事实既包括案件事实，也包括行业内部的事实，因此律师要利用好这一点，走进具体的某个行业领域里，更直白一点，律师的法律服务一定要与具体的行业相结合。这种结合已经有很多成功的案例，如一个转行做了律师的医生专门从事医疗损害法律纠纷、一个物理工程师转行做了专利律师，这些结合有些是机缘巧合，但更多的是其孜孜不倦努力的结果。所以律师的专业化成功，一定是依靠于某个行业精耕细作的结果，就跟之前的法律服务领域一样，有些行业并不适合律师去依靠，而有些行业注定是某个法律服务领域里案件高发的，这需要律师自己去选择。内在专业化的结果必然是，当这个行业的人提起你时，都知道你是这一块儿的法律专家。对于行业的无所不知，使得运用法律更为娴熟。

我后来又想为什么专利律师和商标律师可以成为专业化律师的选择，说到底，专利和商标都是有代理行业存在的，本质上也是依靠于行业，只是其与各自的法律领域发生了重叠，大部分人只认为这是法律领域细分的结果，而不知道这更是行业细分的结果。

因此内在的专业化要求“具体的法律服务领域+具体的行业”，如果法律服务领域过小，可以不考虑具体的行业，如果某个行业比较大，可重点考虑与行业联系紧密的法律服务领域。总的来说，法律服务领域和具体的行业两者都不可偏废。

无论是外在的专业化，还是内在的专业化，都需要不断坚持，两者完美结合，才能送你到达专业化律师的彼岸。

如何规避知识产权民事诉讼的风险

在律师圈中流传着这么一个段子：一个当事人对律师说，“律师，我能不能分两次给律师费”，律师回答道，“我宁可给您打个九折，也希望您一次性付清”。这个段子想要表达的是律师一般是先收钱再做事，哪怕钱可以少一点，也必须一次性付清。

尽管如此，律师也不是只看钱，有些当事人可能存在经济紧张的局面，也有可能案件比较多，当事人无法一次性付清律师费。在这种情况下，如果律师想接这个案子，往往会跟当事人约定风险代理，所谓风险代理，通俗一点来说就是官司打赢了才付钱。

在知识产权民事诉讼中，作为原告的当事人的风险一般只有一个，那就是官司打不赢，而对于律师来说，则存在其他诸多风险，尤其是知识产权诉讼有着不同于其他民商事案件的特点。

风险一：权利的不确定性

假设您是一名知识产权律师，有一天，一个当事人拿着一篇文章过来找您，跟您说，律师您好，有人抄袭我写的这篇文章，我想找您替我维权。如果这个人有作品登记证书，那好，至少在一定程度上证明了这篇文章是他创作的，但是如果他什么都没有，您怎么认定这篇文章的著作权属于他呢？类似的情况也会出现在其他知识产权案件中。跟版权相比，商标权一般有商标注册证书宣示权利，而专利权则有专利权证书证明权利，这确实比没有进行作品登记的著作权好一些，但仅仅拥有证书就拥有权利吗？未必。

对于知识产权律师来说，在开始接案子时，第一个风险就产生了，那就是知识产权权利的不确定性。换言之，原告未必就是真正拥有权利的人。知识产权权利的不确定性不仅会导致官司败诉，也会导致律师颗粒无收，严重消耗律师的时间和精力。

对于知识产权原始取得者而言，审核必要的创作证明、权利证书是必要的，甚至要分析其有无侵犯他人的在先权利。

而对于知识产权的继受者而言，必须要审查知识产权的转让、许可协议，看其是否是适格的原告。知识产权虽然是准物权，在很多方面也都适用物权的一些规定，但是我认为其与物权相比，最大的特点在于知识产权并不严格适用物权的公示公信原则，原因在于：第一，虽然专利权、商标权、著作权可以通过公示原则进行权利宣示，但也有无法通过公示原则进行权利宣示的，如未发表的作品、商业秘密等；第二，部分知识产权的权利移转无法产生公信力，如著作权的转移并不要求进行登记，外人是无法通过一个继受者的声明产生信赖利益的，这个道理也适用于律师和知识产权的继受者。

对于某些知识产权继受者权利不确定风险较大的，律师应当要求继受者提供公证的知识产权转移协议，这样的风险就可控多了。

风险二：事实的不确定性

相较于其他民商事诉讼而言，知识产权诉讼涉及的两个知识产权之间是否相同或相似这一关键事实，往往是具有不确定性的，而这种不确定性，虽然可以通过律师累积的经验予以解决，但在个案之中还是会困扰律师，增加律师风险代理的风险。

这种事实的不确定性在专利侵权案件中体现得尤为明显。专利权的保护范围由权利要求书决定，而对于权利要求书的解读结果并不是唯一的，这就导致了原告律师认为可能是侵权的事实在法官那边出现了偏差，更为重要的是专利诉讼中还会遭遇到专利权宣告无效，这种无效还会导致原告的禁止反悔，凡此种种，更增加了这种不确定性的风险。虽然律师可以通过前期的专利权稳定性分析或者侵权分析进一步降低这种风险，但是这些工作本身是单独收费的，而如果一个知识产权律师同意了风险代理收费，但又就此类工作单独向当事人收费，估计当事人会转不过这个弯来，更有可能导致案件接洽的失败。

风险三：赔偿金额的不确定性

知识产权存在无形性的特点，导致其侵权的损失难以确定。拿专利侵权诉讼来说，目前我国专利法基本上确定了依损失赔偿、依获利赔偿、依许可费赔偿以及法定赔偿等赔偿金额计算方式，但在实践中，由于原告的损失、被告的获利难以证明，所以在很多专利案件中原告主张的都是法定赔偿，这种法定赔偿即便是在侵权事实确切的情况下，能不能得到法院的支持也是一个不确定的事实，这就导致知识产权律师一般很难估算最后的赔偿金额。换言之，知识产权律师根本不知道法院能够判多少，这也就意味着，即便约定了一个风险代理的收费比例，最后能不能最终实现，也是不确定的。

风险四：判决执行的不确定性

这个风险不仅仅是知识产权诉讼风险代理的风险，也是其他民商事案件风险代理的风险，虽然目前我国司法领域针对不执行生效判决的被告采取了限制高消费及纳入失信被执行人名单等措施，但是执行难问题还是不易解决，对于那种逃之夭夭、隐匿身份、不坐高铁飞机、不进行高消费的被执行人，“限高”也不会起到多大的作用，因此即便一个知识产权官司经过律师的努力最终获胜，也不能等同于律师已经可以根据风险代理合同拿到律师费了。针对这种风险，有些律师会在合同中约定，如果官司获胜原告就必须支付给律师一定数额的律师费，从一定程度上可以减少这种风险产生所带来的损失。

既然有上述风险，知识产权律师就得思考如何规避，这里我谈谈我的做法。

规避措施一：避免采取全风险代理的方式

全风险代理是指当事人前期一分钱也不用出，所有费用由律师支出，最后打赢官司了再按一定比例收取的风险代理。我建议不要采用全风险代理的方式，尤其是在知识产权诉讼中，这是因为知识产权的风险代理远远大于其他民商事案件的风险代理。举个例子，在其他民商事领域，最常见采用风险代理的就是借贷纠纷，但是借贷纠纷一般可以根据原告的证据来判断对方有没有借钱、借了多少，以及官司能赢的把握，相对来说律师对于诉讼结果的可预见性强，而知识产权诉讼的结果很难预见。

因此，我建议不要采用全风险的代理方式，前期的诸如差旅费、调查取证费用、诉讼费用等成本一定要由当事人承担，而且和律师工作相适应的，需要收取一定的基础费用，避免律师工作白做。

规避措施二：严格审核权利

为了更好地规避风险，知识产权律师一定要审核好当事人的权利。在版权诉讼中，律师一定要看看原告的作品有没有发表，审核作者和原告是否属于同一人，有无作品登记证书，原告是否具有创作相关作品的能力；在专利诉讼中，律师需要对涉案权利做好查询，专利权证书是不是原件，专利权是否处于有效期内，权利是否发生过转让、许可、无效等，权利要求书是否存在明显缺陷，权利是否存在现有技术，专利权人和发明人是否一致（如果一致，第三人是否可以主张构成职务发明），专利年费有否正常缴纳；在商标诉讼中，律师需要对商标注册证书进行原件核验，询问商标图案的设计理念，有无侵害他人的在先权利，商标有无正常使用，商标的知名度，等等；在其他知识产权诉讼中，也可以采取类似的思路对权利进行审核。

规避措施三：查清关键事实

对于知识产权侵权诉讼，侵权事实属于关键事实，这个要结合原告的陈述及被告的侵权进行具体认定，这就是所谓的查清关键事实。

查清关键事实可能需要耗费律师很多时间，有时候为了尽快接下案子，可能没有那么多时间对关键事实进行查清。在版权诉讼和商标诉讼中，侵权事实往往很容易分析，但是在专利诉讼中，必须要在对原告技术清楚了解的情况下，知识产权律师才有可能判断是否构成侵权，虽然专利侵权分析需要占用律师很多时间，但我还是建议一定要做，哪怕只是简单地分析一下，否则可能会大大增加律师风险代理的风险。

规避措施四：做好被告主体调查

现在通过信息网络侵犯知识产权的行为越来越多，很多知识产权律师也开始承接网上维权的诉讼，此类诉讼中有很多是通过风险代理的方式收费的，最常见的就是淘宝网络维权。

由于淘宝网店很多都是个人开设的，因此必须要考虑到个人的赔付能力，目前我的建议是对于此类维权，如果网店店主是个人，建议慎重起诉。

在被告为公司的时候，主体调查工作可能会更多，包括工商内档查询、有无纳入失信被执行人、有无相应的厂房等。

当然在知识产权诉讼风险代理中还存在其他风险，囿于篇幅，这里就不再做探讨，具体还要根据实际案情进行进一步的分析。

民事诉讼结案装卷需要注意的事项

民事诉讼案件资料，特指在民事诉讼过程中发生的与案件有关的文字、图片、音频、视频资料，既包括程序性资料，如委托代理合同、授权委托书等，也包括实体性资料，如原被告双方提交的证据。那么针对一个民事诉讼案件，如何对上述材料整理归类以查找方便进而在开庭时达到一种形式美观和实质有效的双重效果呢？这是我近段时间苦苦思索的问题。

说实话，从执业伊始，我就没有认真对待民事诉讼案件资料的整理工作，以至于现在民事诉讼案件材料这里一堆、那里一堆，并且很多来不及装卷进行档案管理，随着自己执业要求的越来越高，不得不开始正视这个问题。

所谓整理，无非就是对民事诉讼文件进行归类的一个过程。一般来说，在民事诉讼过程中可能产生如下文件：委托代理合同、委托人的主体信息（自然人为身份证复印件，法人为营业执照副本、组织机构代码证、法定代表人身份证明、法定代表人身份证）、授权委托书、律师费发票、起诉状或答辩状、证据材料、法院受理材料（法院受理通知书、诉讼须知、举证通知书、廉洁监督卡、送达地址确认书、送达回证等）、法院诉讼材料（告知合议庭组成人员通知书、传票等）、对方提交的答辩状和证据、法院终结材料（民事裁定书、判决书、调解书）、律师工作文件（法律意见、代理词、庭审笔录）等。

第一种整理方法，就是按照民事案件装卷的要求，根据《律师业务档案立卷归档办法》第十二条的规定顺序如下：

（1）律师事务所（法律顾问处）批办单；

（2）收费凭证；

（3）委托书（委托代理协议、授权委托书）；

（4）起诉书、上诉书或答辩书；

（5）阅卷笔录；

（6）会见当事人谈话笔录；

（7）调查材料（证人证言、书证）；

（8）诉讼保全申请书、证据保全申请书、先行给付申请书和法院裁定书；

（9）承办律师代理意见；

（10）集体讨论记录；

（11）代理词；

（12）出庭通知书；

（13）庭审笔录；

（14）判决书、裁定书、调解书、上诉书；

（15）办案小结。

这个整理顺序目前依然是律所装订卷宗的标准。而在案件办理过程中，还可以根据诉讼的地位和时间顺序，综合考虑材料的重要程度进行整理。

所谓诉讼地位，是在民事诉讼中原告、被告或者法官的三者诉讼关系，除去中立方的法官，律师要么是代理原告，要么是代理被告，因此，根据诉讼的地位来进行整理，能够很好地厘清相关法律问题及对抗关系。

从时间顺序来讲，作为代理的一方，最先产生的诉讼资料肯定是委托手续相关的程序性文件，包括委托代理合同、委托人的主体信息及授权委托书，有时还包括律师费发票，这些材料集中反映了律师的代理权限及范围，是整个民事诉讼代理的根本性文件。一般来说，首先除了在可以要求律师费的案件中（如知识产权类维权案件，律师费可以作为维权的合理费用向对方主张）委托代理合同及律师费发票可能需要作为证据，其他文件几乎很少用到。其次就是当事人自行提交的材料，当事人自行提交的材料在一般情况下律师不收原件，除非当事人有特别要求，因此这些材料一般都为复印件，这些材料在经过证据筛选后，一部分会变为证据材料，另一部分因为缺乏关联性可能就变成了参考资料，这些参考材料可以和前述的程序性文件放在一起。最后就是民事起诉状和证据材料，也就是整个材料中最为关键的核心，这些核心材料集中反映了律师的代理思路，因此与此相关的法律意见、代理词、质证意见均可以附在民事起诉状之后。根据上述民事诉讼资料的整理思路，笔者针对代理的一方作如下总结。

作为代理的一方可对文件进行如下分类：委托手续类文件（委托代理合同+主体信息+授权委托书+律师费发票）、当事人文件（没有作为证据提交的一些资料）、民事起诉应诉材料（起诉状或答辩状、代理意见、证据材料）。

对于另一方提交的材料，一般来说包括起诉状或答辩状以及证据材料，这个时候放在一起作为一类，剩下的就是法院的材料，按照时间先后顺序进行归类即可。

再次对上述材料的整理进行一个总结：委托手续类文件+法院材料+当事人文件+民事起诉应诉材料+对方材料。

上述分类有一个好处，就是文件类别一目了然，找东西特别方便，同时也能最大限度地将文件从零规整。说白了，上述分类意味着这些文件需要放在一起，那么按照我的这个整理方法，文件就得分为4份，如果再加上证据原件，那就是总共5份，这些材料如果在开庭的时候准备好，在庭审中查找相关资料就能做到从容不迫，而且按照重要程度，将重要的材料放在一起，也能够在使用频繁的状态下提高庭审效率。上述整理方式是应对庭审用的，而且分类简单，正如我经常说的，简单才能有效。

说完了文件的整理，下面接着谈文件的装订，文件装订的用处不外乎以下几点：美观、整齐、便于携带，对于文件的装订我也尝试过很多方法，很难说哪种方法好、哪种不好。下面简单介绍一下我经常用的几种装订文件的方法，另外特别指出的是这里的装订并不是指案件结束后对案件档案的装订，而是指在办公过程中为了使案件材料便于携带、美观、整齐，甚至有时是为了营造一种专业水准而进行的装订。

第一种常见的装订方式就是使用订书机，这种方式简单易行，并且后期拆除钉子简单，便于进行最后的档案立卷，但缺点是不够美观，显得很随意。

第二种常见的装订方式就是使用凤尾夹，这种方式也很简单易行，而且不会对诉讼资料造成破坏，便于后期的档案立卷，易于扫描。缺点同样是不够美观。

上述两种方法都不能适用大量诉讼资料的装订，尤其是面对上百页的诉讼资料时。并且采用订书机或者凤尾夹装订之后还需要装入档案袋中，因此更不美观了。

从美观的角度出发，第三种装订方式可能更受欢迎，那就是胶装并加印封面，这种方式的缺点是，对于已经胶装好的资料，后期几乎难以满足立卷的要求，除非将胶装处裁剪掉，这又增添了很多麻烦。与胶装类似的，可以采用资料册进行装订，但是资料册装订最大的问题是比较费时间。试想你把几百页的纸一张张塞进资料册的塑料袋是怎样的费时间，因此这种方式在我亲自装订了几个案件材料之后就被我果断摈弃了，摈弃的后果就是我得把那些资料再从袋里抽出来，这样的画面太美我不敢看。

实际上，并没有完美的装订方法，这里的建议是用凤尾夹，这种方法相对来说比较好。可以准备几种不同颜色的凤尾夹，如红色用来代表法院文件、黄色用来代表对方资料、蓝色用来代表己方起诉应诉材料、绿色用来代表委托手续材料，这样一看颜色就能知道文件分别是什么类别的材料，方便查找，并且对于比较重要的材料可以在上面贴上便利贴，更加方便查找。对于数量比较大的起诉应诉材料或者对方材料，个人建议可以考虑再复印一份，然后进行胶装，出庭时直接携带胶装好的起诉应诉材料及其他材料，而复印的那一份留待装立卷的时候用，那么已经胶装的是不是太浪费了？其实把案件办得漂漂亮亮的才是最重要的。

关于档案袋，建议选择透明塑料的，容量比较大，而且结实，当然也可以选用律所的牛皮纸信封，这个就因人而异了。案件结束之后诉讼材料的装订还是老老实实按照《律师业务档案立卷归档办法》第十二条的规定来吧。

劳动争议案件常见五大问题

一、劳动关系如何认定

劳动争议是劳动者和用人单位之间就劳动关系发生的争议，因此如何认定劳动关系是劳动法里面很重要的一个问题，只有一个法律关系属于劳动关系时，才受到劳动法律的规制。

根据原劳动和社会保障部《关于确立劳动关系有关事项的通知》，事实劳动关系的成立满足三个方面的法律特征：（1）用人单位和劳动者符合法律、法规的主体资格；（2）用人单位依法制定的各项劳动规章制度适用于劳动者，劳动者受用人单位的劳动管理，从事用人单位安排的有报酬的劳动；（3）劳动者提供的劳动是用人单位业务的组成部分。

从这里我们也可以看出，劳动关系不是平等主体之间的关系，这一点明显区别于劳务关系。

二、哪些劳动争议案件受劳动仲裁委员会管

劳动争议案件有个很明显的特点是，强制仲裁且仲裁前置，也就是我们通常所说的一裁二审，现在部分劳动案件属于一裁终局。

《劳动争议调解仲裁法》第二条规定：“中华人民共和国境内的用人单位与劳动者发生的下列劳动争议，适用本法：（一）因确认劳动关系发生的争议；（二）因订立、履行、变更、解除和终止劳动合同发生的争议；（三）因除名、辞退和辞职、离职发生的争议；（四）因工作时间、休息休假、社会保险、福利、培训以及劳动保护发生的争议；（五）因劳动报酬、工伤医疗费、经济补偿或者赔偿金等发生的争议；（六）法律、法规规定的其他劳动争议。”第四十七条规定：“下列劳动争议，除本法另有规定的外，仲裁裁决为终局裁决，裁决书自作出之日起发生法律效力：（一）追索劳动报酬、工伤医疗费、经济补偿或者赔偿金，不超过当地月最低工资标准十二个月金额的争议；（二）因执行国家的劳动标准在工作时间、休息休假、社会保险等方面发生的争议。”

三、关于工资

工资有广义和狭义之分，广义的工资包括基本工资、奖金、津贴、补贴、加班加点工资以及在特定情况下支付的工资，狭义的工资一般包括基本工资和各项津贴，但无论是广义还是狭义，均不包括住房公积金、社会保险、劳保用品等。

1. 试用期工资

试用期工资不得低于最低工资标准，也不得低于本单位相同岗位最低档工资或者劳动合同约定工资的80%。

2. 最低工资标准（《最低工资规定》）

第三条规定，最低工资标准，是指劳动者在法定工作时间或依法签订的劳动合同约定的工作时间内提供了正常劳动的前提下，用人单位依法应支付的最低劳动报酬。

第五条规定，最低工资标准一般采取月最低工资标准和小时最低工资标准的形式。月最低工资标准适用于全日制就业劳动者，小时最低工资标准适用于非全日制就业劳动者。

需要剔除的项目如下。

即第十二条规定，在劳动者提供正常劳动的情况下，用人单位应支付给劳动者的工资在剔除下列各项以后，不得低于当地最低工资标准：（1）延长工作时间工资；（2）中班、夜班、高温、低温、井下、有毒有害等特殊工作环境、条件下的津贴；（3）法律、法规和国家规定的劳动者福利待遇等。

3. 双倍工资

根据《劳动合同法》第八十二条的规定，用人单位自用工之日起超过一个月不满一年未与劳动者订立书面劳动合同的，应当向劳动者每月支付二倍的工资。用人单位违反本法规定不与劳动者订立无固定期限劳动合同的，自应当订立无固定期限劳动合同之日起向劳动者每月支付二倍的工资。

四、劳动合同的解除

1.协商解除（用人单位提出，需要支付经济补偿金）

2.通知解除

《劳动合同法》第三十七条规定："劳动者提前三十日以书面形式通知用人单位，可以解除劳动合同。劳动者在试用期内提前三日通知用人单位，可以解除劳动合同。"

3.劳动者任意解除（支付经济补偿金）

《劳动合同法》第三十八条规定："用人单位有下列情形之一的，劳动者可以解除劳动合同：（一）未按照劳动合同约定提供劳动保护或者劳动条件的；（二）未及时足额支付劳动报酬的；（三）未依法为劳动者缴纳社会保险费的；（四）用人单位的规章制度违反法律、法规的规定，损害劳动者权益的；（五）因本法第二十六条第一款规定的情形致使劳动合同无效的；（六）法律、行政法规规定劳动者可以解除劳动合同的其他情形。用人单位以暴力、威胁或者非法限制人身自由的手段强迫劳动者劳动的，或者用人单位违章指挥、强令冒险作业危及劳动者人身安全的，劳动者可以立即解除劳动合同，不需事先告知用人单位。"

4.单位可以解除劳动合同的情形（需要通知工会）

（1）劳动者存在过错

《劳动合同法》第三十九条规定："劳动者有下列情形之一的，用人单位可以解除劳动合同：（一）在试用期间被证明不符合录用条件的；（二）严重违反用人单位的规章制度的；（三）严重失职，营私舞弊，给用人单位造成重大损害的；（四）劳动者同时与其他用人单位建立劳动关系，对完成本单位的工作任务造成严重影响，或者经用人单位提出，拒不改正的；（五）因本法第二十六条第一款第一项规定的情形致使劳动合同无效的；（六）被依法追究刑事责任的。"

（2）劳动者不存在过错（需要支付经济补偿金）

《劳动合同法》第四十条规定："有下列情形之一的，用人单位提前三十日以书面形式通知劳动者本人或者额外支付劳动者一个月工资后，可以解除劳动合同：（一）劳动者患病或者非因工负伤，在规定的医疗期满后不能从事原工作，也不能从事由用人单位另行安排的工作的；（二）劳动者不能胜任工作，经过培训或者调整工作岗位，仍不能胜任工作的；（三）劳动合同订立时所依据的客观情况发生重大变化，致使劳动合同无法履行，经用人单位与劳动者协商，未能就变更劳动合同内容达成协议的。"第四十一条规定："有下列情形之一，需要裁减人员二十人以上或者裁减不足二十人但占企业职工总数百分之十以上的，用人单位提前三十日向工会或者全体职工说明情况，听取工会或者职工的意见后，裁减人员方案经向劳动行政部门报告，可以裁减人员：（一）依照企业破产法规定进行重整的；（二）生产经营发生严重困难的；（三）企业转产、重大技术革新或者经营方式调整，经变更劳动合同后，仍需裁减人员的；（四）其他因劳动合同订立时所依据的客观经济情况发生重大变化，致使劳动合同无法履行的。裁减人员时，应当优先留用下列人员：（一）与本单位订立较长期限的固定期限劳动合同的；（二）与本单位订立无固定期限劳动合同的；（三）家庭无其他就业人员，有需要扶养的老人或者未成年人的。用人单位依照本条第一款规定裁减人员，在六个月内重新招用人员的，应当通知被裁减的人员，并在同等条件下优先招用被裁减的人员。"

5.用人不得解除劳动合同的情形

《劳动合同法》第四十二条规定："劳动者有下列情形之一的，用人单位不得依照本法第四十条、第四十一条的规定解除劳动合同：（一）从事接触职业病危害作业的劳动者未进行离岗前职业健康检查，或者疑似职业病病人在诊断或者医学观察期间的；（二）在本单位患职业病或者因工负伤并被确认丧失或者部分丧失劳动能力的；（三）患病或者非因工负伤，在规定的医疗期内的；（四）女职工在孕期、产期、哺乳期的；（五）在本单位连续工作满十五年，且距法定退休年龄不足五年的；（六）法律、行政法规规定的其他情形。”

五、经济补偿金和赔偿金

1.经济补偿金支付的情形

（1）劳动者不存在过错的用人单位单方合法解除；

（2）单位主动提起的协商解除；

（3）另外根据《劳动合同法》的规定，单位如果被依法宣告破产，或者被吊销营业执照导致劳动合同终止，也需要支付经济补偿金。

经济补偿按劳动者在本单位工作的年限，每满一年支付一个月工资的标准向劳动者支付。六个月以上不满一年的，按一年计算；不满六个月的，向劳动者支付半个月工资的经济补偿。

劳动者月工资高于用人单位所在直辖市、设区的市级人民政府公布的本地区上年度职工月平均工资三倍的，向其支付经济补偿的标准按职工月平均工资三倍的数额支付，向其支付经济补偿的年限最高不超过十二年。

本条所称月工资是指劳动者在劳动合同解除或者终止前十二个月的平均工资。

2.赔偿金的支付情形

（1）违法解除劳动合同，赔偿金=2倍补偿金。

（2）《劳动合同法》第八十三条规定：“用人单位违反本法规定与劳动者约定试用期的，由劳动行政部门责令改正；违法约定的试用期已经履行的，由用人单位以劳动者试用期满月工资为标准，按已经履行的超过法定试用期的期间向劳动者支付赔偿金。”

（3）《劳动合同法》第八十五条规定：“用人单位有下列情形之一的，由劳动行政部门责令限期支付劳动报酬、加班费或者经济补偿；劳动报酬低于当地最低工资标准的，应当支付其差额部分；逾期不支付的，责令用人单位按应付金额百分之五十以上百分之一百以下的标准向劳动者加付赔偿金：（一）未按照劳动合同的约定或者国家规定及时足额支付劳动者劳动报酬的；（二）低于当地最低工资标准支付劳动者工资的；（三）安排加班不支付加班费的；（四）解除或者终止劳动合同，未依照本法规定向劳动者支付经济补偿的。”

消费者权益保护法对电信“霸王”条款规制的探讨

笔者记得一则新闻：南京某知名高校的学生在网上发帖，对该校校园内某通信服务商的服务行为提出批评，就该通信服务商与校园用户入网协议中的相关条款是否公平、合法以及通信服务商在提供服务时采取种种限制措施是否侵害校园用户的权益与该通信服务商展开了激烈的争论。

一、相关条款的内容

按照国家实名制上网要求，本人承诺使用“一次一密”认证，使用最新版本的某翼校园宽带客户端拨号上网，承诺不利用路由器等方式多人共用一个账号，并且终端不得超过1台。若违反上述承诺视为本人违约，电信公司有权采取措施限制有关违约行为、暂停直至终止本协议，并根据协议有关约定追究本人违约责任。

二、某翼校园用户是否属于消费者

《消费者权益保护法》第二条规定：“消费者为生活消费需要购买、使用商品或者接受服务，其权益受本法保护；本法未作规定的，受其他有关法律、法规保护。”

《消费者权益保护法》第二条规定了该法的保护范围，其中某翼校园用户是否属于第二条规定的消费者是上述“霸王”条款能否受到该法规制的核心问题。显然电信提供的是上网服务，而某翼校园用户则购买了电信的相关服务，应当属于该法所规定的消费者，因此，某翼校园用户的权益可以通过《消费者权益保护法》来寻求保护。

三、违反了《消费者权益保护法》哪些规定

1.违反了自愿、平等、公平、诚实的消费原则

《消费者权益保护法》第四条规定：“经营者与消费者进行交易，应当遵循自愿、平等、公平、诚实信用的原则。”

某翼对于上述不得多人共用一个账号的规定有点类似于你去市场买了一个梨，卖梨的告诉你，这个梨你只能自己吃，不能分给其他人吃。你为你的服务付出了金钱，却不能决定该服务由谁行使，显然是很不公平的。

2.侵害了消费者享有公平交易的权利

《消费者权益保护法》第十条第二款规定：“消费者在购买商品或者接受服务时，有权获得质量保障、价格合理、计量正确等公平交易条件，有权拒绝经营者的强制交易行为。”

本案中，涉案校园用户如果要上网，只有某翼这么一个选择；上网账号40元80个小时，还捆绑了合约；寒暑假不用，依然收费。

3.违反了对于格式条款的要求

《消费者权益保护法》第二十六条规定：“经营者在经营活动中使用格式条款的，应当以显著方式提请消费者注意商品或者服务的数量和质量、价款或者费用、履行期限和方式、安全注意事项和风险警示、售后服务、民事责任等与消费者有重大利害关系的内容，并按照消费者的要求予以说明。经营者不得以格式条款、通知、声明、店堂告示等方式，作出排除或者限制消费者权利、减轻或者免除经营者责任、加重消

费者责任等对消费者不公平、不合理的规定，不得利用格式条款并借助技术手段强制交易。格式条款、通知、声明、店堂告示等含有前款所列内容的，其内容无效。”

本案中，不合理体现在“一次一密”，使用最新客户端；不公平体现在不能建立无线网络，限制了消费者的使用权；未尽到提醒义务。

四、怎么维权

1. 条款无效

2. 民事责任

《消费者权益保护法》第四十八条第一款第（七）项规定，经营者提供商品或者服务，有服务的内容和费用违反约定的情形，除该法另有规定外，应当依照其他有关法律、法规的规定，承担民事责任。

本案中的网络即达不到规定的速度。

论法律解释方法的适用顺序

法律解释即文义解释，其解释方法有平义解释、专门含义解释、体系解释和目的解释。在适用顺序上，平义解释和专门含义解释处于第一优先适用的地位，其中专门含义解释又优先于平义解释。体系解释处于第二顺序，目的解释为第三顺序。

本书所说的法律解释的概念取的是张志铭老师《法律解释操作分析》一书中的定义：“法律解释就是解释者将自己对法律文本意思的理解通过某种方式展现出来。”[①]同时吸纳了陈金钊老师对于文义解释的观点：只要解释的对象是法律词语，所使用的方法是发现，姿态是

---

① 张志铭：《法律解释操作分析》，中国政法大学出版社1998年版。

对法律服从，解释结果没有背离可能的文义，就属于文义解释。①

结合这两个定义，本书中的法律解释其实就是文义解释，所探讨的也就是文义解释中各解释方法的适用。这就引发了一个问题：文义解释不是和其他解释方法并列的吗？怎么会包含其他解释方法呢？

这个问题的产生主要是基于对法律解释定义的不同，如果认为法律解释的对象只是法律文本，那么法律解释从来就只有一种，就是文义解释。如果认为法律解释的对象不仅限于法律文本，那么法律解释的方法就有文义解释和伦理解释。因为坚持了法律解释的对象只是法律文本，那么法律解释也即文本解释就成为可能，那么填补法律漏洞的目的性限缩和目的性补充就不属于法律解释的范畴。而各种伦理解释的方法都服从于文义解释这一大的前提，以法律文本为出发点和归属点，所以法律解释最终的目的就是确定法律文本语言的含义。正如王泽鉴先生所说，文义解释是法律解释的起点，但也是法律解释的终点。

鉴于以上的分析，笔者将法律解释与文义解释等同起来，同时将文义解释中的平义解释和专门含义解释，以及伦理解释中各解释方法进行取舍，将法律解释的各方法做如下分类：

（1）按照法律解释方法的深度（纵向区分），分为平义解释、专门含义解释、体系解释、目的解释。这里需要对平义解释做一个单独的说明，根据苏力老师的文章，即法官和律师以及其他阅读法律文本的人追求法律文字的习惯的和通常的含义。②

（2）按照法律解释方法的广度（横向区分），分为平行解释、扩张解释和限缩解释。广度上的分类只是法律解释所产生效果范围的大小，

---

① 陈金钊：《文义解释：法律方法的优位选择》，载《文史哲》2005年第6期。

② 苏力：《解释的难题——对几种法律文本解释方法的追问》，载《中国社会科学》1997年第4期。

而深度上分类的各法律解释方法才是我们所要探讨的关键。

笔者将法律解释的方法，即平义解释、专门含义解释、体系解释和目的解释分为三个适用的先后顺序。第一顺序为平义解释和专门含义解释，其中专门含义解释又优先于平义解释，第二顺序为体系解释，第三顺序为目的解释。

在进行论证之前，我们可以将法律文本的意思分为这样三类：第一类是通常的意思，第二类是独有的意思，第三类是包含几种意思但是需要进行选择。这里法律文本的意思仅包括法律文本的内涵意思，正如谢晖教授所认为的那样："字面解释并不针对法律词汇的外延，对外延的解释是其他法律解释方法的任务。"①在这里，确定法律文本的意思的内涵成为至关重要的环节。②

同上面法律解释方法适用的顺序相一致，平义解释所解决的是第一类问题，专门含义解释所解决的是第二类问题，体系解释和目的解释所解决的是第三类问题。但是有一点需要明确，即无论哪种解释方法都不会突破法律文本所能包含的范围，如果突破，那就失去了法律解释的依据，我们也很难把这种方法称为解释法律，因为其本质上已经具有了"造法"的功能。

平义解释和专门含义解释之所以处于优先地位，是因为法律具有确定性的特点。法律的确定性就在于从被制定的那一天起，它便独立于立法者而存在，因为文字含义通常会以一种意思呈现，不会频繁更改，那么文字含义的确定性就保证了法律条文的确定性。笔者认为平义解释在很多场合是不存在的，如果一部法律对于理解者而言需要动用平义解释的次数很频繁，那么这部法律就是失败的。法律文本既然选择一个词

① 谢晖：《文义解释与法律模糊的释明》，载《学习与探索》2008年第6期。

② 陈金钊、尹绪洲：《法律的文义解释与词典的使用——美国司法过程中词典使用的述评》，载《中南政法学院学报》1996年第3期。

语，那么这个词语必然会被大部分受众所理解，而这个词语如果不能被大部分受众所理解，那么立法者必然会以专门含义的方式进行解释，因此平义解释可能出现的场合就是法律学习者在学习法律的过程之中。

专门含义解释即立法者对某些法律词语进行的解释，以《专利法》第二条规定为例："本法所称的发明创造是指发明、实用新型和外观设计。发明，是指对产品、方法或者其改进所提出的新的技术方案。实用新型，是指对产品的形状、构造或者其结合所提出的适于实用的新的技术方案。外观设计，是指对产品的整体或者局部的形状、图案或者其结合以及色彩与形状、图案的结合所作出的富有美感并适于工业应用的新设计。"这里立法者以法律条文的形式对"发明""实用新型""外观设计"三个词语进行了专门含义解释。

专门含义解释应当优先于平义解释是因为立法者已经对法律文本的词语进行了立法上的选择，这个时候法律文本的词语清楚无误地传递了立法意图，因而具有优先适用性。专门含义解释在法律法规中随处可见，这是因为法律制定本身也是一项技术活动，必然希望用简洁的语言传递立法者的立法意图，而一些法律专用词语恰恰能够满足立法者的这一需求。同时在某些技术上很强的法规中，立法者不得不对一些法律文本词语进行专门解释，以达到向行业外的民众进行普法的效果，同时使其具备可理解性。

平义解释和专门含义解释虽然是在各种解释方法中处于第一适用的位置，但真正的问题在于法律文本所引起的争议常常是平义解释和专门含义解释所无法解决的。这就不得不求助于不是那么确定和好用的体系解释和目的解释。

体系解释和目的解释其实是弥补法律语言自身缺陷的产物。那么法律语言到底存在哪些缺陷呢？首先，法律语言有一词多义的现象，一个词语往往蕴含了多个意思，在发生争议时需要对其进行选择。其次，法律文本还有"空缺结构"（open texture），这个观点是英国的哈特提出来的，他认为每一个字、词语和命题都在其核心范围内具有明确无疑的意思，但随着由核心向边缘的扩展，语言会变得越来越不确定，在一些边缘地带，语言则根本是不确定的。[①]

而体系解释和目的解释则能在一定程度上弥补法律语言自身的缺陷。所谓体系解释，杨仁寿先生认为，以法律条文在法律体系上之地位，即依其编章条款项之前后关联为之，或相关法条之法意，阐明规范意旨之解释方法，称为体系解释。[②]但是杨仁寿先生所说的体系解释是和文义解释并列的一种解释方法。笔者也说过，这主要是由于对法律解释的定义不同而产生的。结合杨仁寿先生的观点，笔者认为体系解释是通过法律文本在法律规范中的体系来选择其可能具有的含义的。体系解释的结果应当以不超过法律文本所包含的意思为限。虽然体系解释能够在一定程度上弥补法律语言自身的缺陷，但是体系解释并不是那么好用的。而不同的解释者的解释可能大相径庭。

比如，对于保险法中的"受益人"概念是否可以运用于财产合同这一命题，有人运用体系解释认为：受益人这一概念也可以用于财产合同，其理由是我国《保险法》第十八条关于"受益人"的概念在其第二章保险合同的一般规定之中，而一般规定相当于《保险法》的总则，因此是适用于财产合同和人身合同的。由此推断出受益人也可适用财产合同。但是再翻看《保险法》，第十八条对于受益人已经作出了专门规定，因而这种体系解释得出的结果显然是荒谬的。因此，特别强调的是体系解释只能在穷尽平义解释和专门含义解释的情况下才能适用。

目的解释就是用法律的目的来确定法律条文的真实含义[③]。体系解

---

①［英］哈特：《法律的概念》，张文显、郑成良、杜景义、宋金娜译，中国大百科全书出版社1996年版，第124–135页。

② 杨仁寿：《法学方法论》，中国政法大学出版社1999年版，第140页。

③ 贾秀琴：《论法律文义的一般与具体解释》，载《广州大学学报（社会科学版）》2008年第11期。

释和目的解释有时候难以区分先后，但笔者之所以把目的解释放在最后是因为前三种都是为了探究立法意图而对法律文本进行解释，而目的解释显然已经在设定好某一结果的情况下为原因找原因，具体来说目的解释和其他三种方法的思考方式是颠倒的，前三种有一种从因到果的感觉，而目的解释则是从果到因。因此目的解释得出的结果通常是和体系解释相反的，在法律解释中应当少用为妙。

目的解释首先要确定立法目的，而对立法目的的探究则不得不借助历史研究的方法，这也是很多学者称为历史解释的方法。但是确定了立法目的并不是进行了解释，解释的真正工作是在立法目的确定以后开始的，根据立法目的对法律文本的意思进行选择。

综上，无论哪种解释方法，都不能突破法律文本所包含的意思，也即解释方法的范围和界限，否则将不能称之为解释，而可能会是法律漏洞填补。比如，我们刑法里对于信用卡的解释就扩展到借记卡，而实际生活中信用卡是不可能包含借记卡的，所以这种解释已经超出了法律文本所包含的意思，应当视为法律漏洞填补。而在具体运用解释方法进行解释时，应当遵循上述的适用顺序，这样才能具备方法论上的可操作性。

律师执业感悟篇

第七章　知识产权律师的成长

一个知识产权律师的成长历程

本章题目叫作“知识产权律师的成长”。实际上就在此时，我觉得自己的成长远远没有完成。我一开始执业就是以专业化领域为方向，并且做的是诉讼，执业以来也一直是处理知识产权方面的一些案件。可能有很多律师对知识产权感兴趣，有可能以后会进入这个领域，那么我就结合一些个人体会，谈谈对知识产权律师的认识。

一、个人的成长经历

1.坚持决定一切

首先，我想谈谈坚持。我的执业年限并不是很长，但我觉得，不管是从什么时候开始做律师，有一些东西是相通的，包括你对这个职业有没有一种坚持。我考研是为了做律师，但读研的时候也没想过做知识产权方面的律师，当时我有一些同学在考专业代理人的证书，然后我那时候闲得没事干，觉得也要考一下，侥幸的是，在毕业之前我考过了。我当时的选择就是，要么进专利代理所，要么进律所。后来在一个学长的引荐下，我进了一家既可以从事专利代理也可以开展律师业务的双证所。

记得第一次开庭我是跟着我们主任去最高人民法院的。到达北京那天晚上下了很大的雨，我跟主任两个人在一个民居的屋檐下面躲雨，觉得很恍惚。当时我的脑子里不停地冒出一个念头："我就这么做律师了？"我一直不敢相信。而就在几个月之前我拒绝了一个待遇非常好的工作邀请。

我的律师之路似乎是一个华丽的开始，因为很多律师可能打了很多官司都不会有去最高人民法院办案的经历。跟着主任后面办案，我觉得就是多学多看，而他的一些办案、工作和生活中的细节也在潜移默化地影响着我。

比如，有时候跟他一起去食堂吃饭，饭后，他会把餐盘端着然后送到收餐盘的地方，并等着服务员把餐盘接过去后再走，而不是像我们很多人一样直接把餐盘往那儿一放就走。再如，进电梯，他会主动站在电梯按钮的地方随时给人提供帮助。而这些带给我的一个感受就是，做律师有时候更是学做人的过程。

我很庆幸的是在一开始做律师的时候就遇到了一个好律师。我觉得"好律师"这个称呼是非常不容易得到的，你可以是一个成功的律师，但你想成为一个好律师则非常难。

在经过了第一年非常痛苦的煎熬之后，我开始慢慢有了起色，也开始不为生计发愁，把更多的时间花在对案件的思考上。

到现在为止我还一直保持着几个习惯，第一个习惯是周一到周四肯定是穿正装的，周五因为会有应酬可以相对随意一些。第二个习惯是我会每个月定时买书。记得当时拿到第一笔律师费，我就激动地去买了一套最高人民法院的司法观点集成，那套书打完折也要将近300块钱。现在买书也成了一个习惯，接触到新的案件我首先要买书学习下。第三个习惯就是我比较喜欢写文章，每年大概写五六十篇文章，当然也不是太多。但是我觉得你每年写这么多，坚持十年，那会是一个怎样的场景呢？其实很多事情真的是靠坚持。

2.有时生存比发展更重要

我做律师的前期做了很多民商事案件，也做过合同方面的诉讼案件，我觉得合同这一块实际上是民事诉讼的一个重中之重。我还代理过刑事案件，也做过辩护人。我觉得律师专业化的发展不应当排斥其他领域的一些案件。虽然说你一开始是要去做专业化，但实际上在律师执业的初期，一个更重要的问题是生存。

你只有生存下去才能谈以后的追求，所以我一开始的时候是什么案子都做，包括劳动争议方面的案子也做过，这也是我跟很多从专利代理人或者商标代理人转到律师行业的知识产权律师不一样的地方。我觉得只要自己能静下心来把案情摸透，就算遇到其他民商事类别的案件也能做好。

3.写作是最好的营销

说到生存问题，就得谈谈案源问题，实际上这个问题不仅是知识产权律师会遇到的问题，而且是每一个纯提成律师会遇到的问题，也就是说我的业务案源在哪里？目前我的案源主要来自两部分：第一部分是其他律师的合作案源，第二部分是通过律师营销开拓的个人案源。而律师营销中，我一直坚持写作是最好的营销。

我平常比较喜欢写文章，做律师之后开了专门用于写作的博客和微博，最近还建立了个人网站。说得功利一些，写作会让更多人看到你。

写作是个长期的过程，但是会给你带来意想不到的收获，如果说你的方向是学者型律师的话，那么写作更是必不可少的。

二、知识产权律师的现状

1.对于知识产权律师的三个误解

第一个误解：做知识产权律师需要懂专利。

大家可能觉得知识产权律师要有理工科背景或者说一个专利代理人更合适一点。我觉得，如果你要从事专利方面的诉讼，那么有一个理工科的背景当然对理解一些技术问题会有帮助；如果你要从事商标或者版权或者商业秘密等知识产权方面的纠纷处理，我觉得拥有理工科背景就不是一个必需的条件。

第二个误解：知识产权律师很赚钱。

我们国家对于知识产权是越来越重视，但这跟赚钱并没有必然联系。

我本身虽然做知识产权案件，但是我也做其他案件，相对于律师收费的话，除非碰到些重大案件会带来高收费，而知识产权一般案件的收费往往不是很高，比其他民商事案件可能还要低一点。

第三个误解：转型做知识产权律师很难。

大家可能觉得“我平常就是做诉讼业务”“我平常就是做劳动仲裁”“我平常就是做婚姻”，那我以后做知识产权行不行？我觉得只要抱着一种学习的态度，并且坚持下去，知识产权类的案件处理并不是那么遥不可及。甚至我后来发现，知识产权的有些法律问题甚至没有一些民商事案件的法律问题那么难。

2. 知识产权律师的知识储备

如果想要熟练地办理知识产权案件，需要从哪些方面增加知识储备呢？在这里我谈谈我的体会。

专利这块儿，国家知识产权局出的《专利审查指南2020》肯定是必看的，而且是看多少遍都不嫌烦的一本书，专利的一些最基本的法律术语如新颖性、创造性等规定都在里面。这本书我强烈推荐给大家。另外还有吴观乐老先生的《专利代理实务》和尹新天先生的《中国专利法详解》也都很值得看一看。

版权这块儿，郑成思老先生毋庸置疑是一位大家，他有一本《版权法》（全二册）值得推荐。另外就是华东政法大学的王迁教授写的一些关于知识产权方面的书也非常不错。我觉得王教授在网络版权领域研究得特别深，很多内容写得特别好。

商标这块儿，杜颖老师有一本《商标法》，我觉得写得很好。不是很厚的一本书，但是把商标方方面面的问题都写到了。当然，除了学者写的书，还要多看看法官和律师写的书。

3.知识产权诉讼的基本模式

谈一下知识产权诉讼的基本模式吧！我觉得知识产权诉讼是有基本模式可循的。民商事案件的举证有一个特点就是不可能归纳出一个模型来，因为纠纷永远都是那么独特，就算是两个很相近的案件，它们的法律点也可能不同，这就决定了举证肯定不一样，而且每个案子的事实也不一样。但是知识产权案件跟民商事案件相比，一个最大的特点就是知识产权案件几乎都是一个套路，即首先要证明权利基础。不管是版权、商标，还是专利，你都得证明你有专利权、有商标权、有版权。其次知识产权纠纷基本上都属于侵权，不属于确权，确权也有，但不是主流，主流还是侵权。侵权事实这一块儿实际上也是有模式的，比如说你说别人的作品侵犯了你的作品，无非就是要证明对方的作品跟你的这个作品实质性相似；或者说你要证明对方的产品落入了你的专利权保护范围，无非就是把对方的产品拿过来跟自己的比较。最后就是赔偿，知识产权诉讼更多采用的是法定赔偿，就是说我们不是主张我们的损失，也不是证明对方的获利，而是由法官根据案情来酌定一个赔偿数额。除了权利基础、侵权事实、损失赔偿，另外知识产权案件还有很特别的一个地方就是维权的合理费用可以要求对方来承担。一般这个时候我们会把律师费、公证费以及维权过程中发生的其他合理费用一并做一个举证，要求被告来承担。这么看来，可能知识产权案件在举证这一块儿确实是比较简单，而其他民商事案件确实比较难有一个模式，可能侵权，就是从四要件入手，但是证明四要件的时候可能每个案子都不一样。但是知识产权的几个方面，如权利基础、侵权事实是必须要具备的，赔偿损失和维权合理费用视情况而定，不会有太大的出入。其实知识产权案件举证的这种特点，倒也不是说它的法律问题很简单。这个我自己分析了一下，我觉得在知识产权诉讼的案件里面，专利诉讼主要是偏向技术问题和事实问题的解决，而商标我觉得是介于专利和版权之间，版权问题则主要是理论问题。

不想做将军的士兵不是好士兵。我觉得不想做一个好律师的律师也不是一个合格的律师。律师这个职业，可能以我现在这个年龄还不会承担太多的社会责任，但像我接触的那些主任级的律师，他们可能会把时间用在一些法律援助以及政府提案等更有意义的事情上。但是不管怎样，我觉得大家都一直在努力，坚持是很重要的一件事。只有坚持下去才能把事情做好。

这个行业需要一些有理想、有思想、有想法的同人。每代人都有每代人的酸甜苦乐，每代律师也都有每代律师的酸甜苦乐。

关于律师学习的思考（一）：谈谈工作与学习

律师是一个需要不断学习的行业，一方面在于法律总在变化，另一方面在于律师本身所从事的就是说理工作，要以理服人必然就需要自身专业知识的扎实。

律师的学习与律师本身工作的特点又存在不可调和的矛盾。众所周知，律师是个很忙的职业群体，一个律师在一天内可能会会见当事人、参与庭审等，别说学习了，有时可能连吃饭的时间都没有。但就算是这样，不断学习依旧是律师不能回避的一个问题。

因此，如何挤出时间来学习是我们要思考的第一个问题，而学习什么则是要思考的第二个问题。

从时间上来说，律师能够学习的时间包括工作内的时间和工作外的时间，工作内的时间学习是指在正常工作时间内且完成了相应工作的前提下进行的学习，这种时间对于年轻律师来说是学习的主要时间，而对于老律师来说几乎成了奢望；工作外的时间学习，包括休息日及每天工作外的时间，这些时间的特点是零散但很有规律。

从学习的方式来说，单纯的阅读可能已经满足不了律师自身对于知识掌握的需求，而通过思考将自己的观点阐述出来的方式和效果也许会更佳。这种阐述在日常工作中已经得到体现，但这还远远不够，还要进一步通过论文，以论文的形式表现出来。传统的记忆也是必不可少的，虽然现在得到知识的途径简单迅捷，但真正考验一个律师临场应变能力的恰恰是其脑子里那些记忆深刻的知识，因此律师必须对某些知识烂熟于心，这种功力需要长年累月的积累。

学习的内容因人而异，一个老律师和一个年轻律师关注的知识点必然不一样，一个年轻的律师，打好基本功可能比研究艰深的理论更为重要，特别是对于没有接受过系统法学教育的律师来说。我一直觉得司法考试“三大本”是每个律师应该熟读的，虽然在研究生期间很多老师对于学生通过司法考试不以为意，但对于从没有接受过系统法学教育的律师而言，“三大本”无疑是最好的教材，可以说是打好基本功必不可少的学习内容。

基本功的另一个很重要的方面就是法条，有些法律间隔几年就会发生更改，因此学习新法是每个律师都要面对的难题，这种学习对于老律师来说可能更重要一些。

律师的基本功还包括熟练掌握本领域的专业知识。以知识产权律师来说，除了熟悉基本的民法知识，还要学习专利法等单行法。打好基本功是律师学习的一个方面，再深一点就可以研究一些实务热点问题，通过论文的形式将自己的观点表达出来。

除了跟工作相关的学习，律师还要学习为人处世，一个律师只有做好了人才能做好律师。这个道理不用再说。

如何安排学习时间不仅是律师学习的命题，也是普通人在学习中会遇到的问题。就个人体会而言，能够将工作和学习结合起来最好。

关于律师学习的思考（二）：知识产权新人律师该学习什么

这一部分的内容以我的切身体会从两个方面谈谈：第一，作为新人律师，我们该学习什么；第二，作为知识产权新人律师，我们该学习什么。

撇开专业领域不谈，新人律师大概需要从三个方面进行努力：第一学做人，第二学做事，第三学本事。

第一，学做人。做人之所以放在第一位，是因为人品是做律师的根本，我们可以看到，凡是优秀的律师，其为人处世也都堪称表率。新人律师不仅要学习老律师在和当事人接触中的一言一行，还要注意日常生活中的细节。笔者有幸师从一名德高望重的老律师，有一次和他去学校食堂吃饭，在吃完饭后送餐盘的时候，一个细节让我久久回味：一般来说只要把餐盘放在指定的地方就行，但是他却端着餐盘一直等工作人员接过去后才离开。所谓见微知著，对别人尊重才能赢得别人的尊重。

第二，学做事。认真是必不可少的，除此之外细节也很重要。我认识的一名高级合伙人律师，经常挂在嘴边的一句话就是“细节决定成败”。和他合作的一个案子，在开庭前一天他发现了案子中的一个细节，而正是这个细节在第二天的庭审中起到了关键作用。而我也认识到了自己的不足。一案一世界，看似简单的案子背后交织着并不简单的事实，所以认真研究案件材料尤为重要。当然细节不仅决定成败，还决定着你在庭审中的气场。

第三，学本事。新人律师最欠缺的就是本事，我觉得本事可以概括为两个方面：一是知识储备，二是经验。对于前者我们在学校已经完成了一部分，后者则需要在工作中不断强化。我毕业后还一直在看司法考试的“三大本”，也许有人会不屑，“三大本”就某一个具体部门法而言，确实是比一些专著浅薄了点，但是如果一个律师能完整全面地掌握其14个法律部门的知识，应付一般的案件应该没什么问题了，因此基础知识的巩固是一个日久常新的工作。而对于经验来说，一是来自办案中自己的心得体会，二是来自律师间的口耳相传，问人从来就不是一件羞于启口的事情，只要你肯问，你就会有进步。

上面三点是个人的心得，觉得适用于其他新人律师。下面我谈谈知识产权新人律师应该学习什么，这里主要从专业领域的角度谈谈。

一入行就做专业领域的律师相当少，但也有人是这样子的，比如我。在快一年的实习中，我的感悟就是作为新人在知识产权领域要学的东西实在太多了，根据知识产权的特点，我总结一下知识产权新人律师需要学习的内容：知识产权权利怎么取得、怎么保护、怎么废除。

知识产权的客体众多，就权利的取得而言，我们应该知道如何注册商标、如何申请专利、如何登记版权等，这些学习既涉及程序性的事务，也涉及实体性的事务。程序性的事务无非取得的流程以及和官方的交换意见，实体性的事务则复杂一些，如什么样的商标能够被注册、专利申请文件如何撰写等。就知识产权权利的取得而言，律师不一定要从事，但一定要了解，有机会自己做一些会更好。

关于律师学习的思考（三）：律师如何利用零碎的时间学习

这部分涉及的问题有：（1）看书还是看笔记；（2）纸笔学习还是借助电脑、手机学习；（3）如何过滤掉零散时间。

在刚做律师的那段时间，我闲得无聊，看书就用电脑记笔记，结果把某本《知识产权法》都记下来了；等后来“有聊”了，我开始疯狂买书，但真正掌握了精髓的没几本。就上述的第一个问题，我以前的答案是看书，看书掌握的知识点会比较全面，熟悉后是看笔记，因为笔记重点比较突出，重点会帮助搭建框架，有了骨架知识才会一点点充实。

我一直是电子化办公的倡导者，通过扫描、拍照等方式，将厚厚的材料转变为无形的电子资料，不得不说是现代科技的一大进步。我很享受这种科技发展带来的便捷，比如我现在的卷宗已经全部实现了电子化，但后来发现，资料的管理方式跟你如何利用资料并不是一回事，我以前把两者是画等号的。现在，我发现电子化或者无纸化并不等于能更好地掌握这些资料，对于要借助电脑、手记才能实现电子资料的阅读而言，实际上电子化并不能让人对于资料的掌握更加透彻，我现在最大的感受就是电脑和手机会分散很多注意力，并不适合学习。

过滤掉零散时间的方法太多了，发个呆、玩个游戏都可以，但是对于律师来说，如果上述是你过滤时间的主要方式，那么情形可能只有两种：一种是你的时间确实很充裕，另一种是你压根儿不想当律师。律师常见的零散时间就是旅途中，如果是一个人出差，那么恭喜你，你可以好好利用这段时间学习了。

第八章　律师“菜鸟”请注意

法学毕业生如何选择一家合适的律所

大多数律所没有好与坏的区分，只有合适与不合适，这种合适不仅是律所的发展前景与个人职业生涯规划的匹配，也是律师与律所的融洽，合适有时候也是“和适”——和谐和舒适。但目前大多数法学毕业生在面临律师职业及律所选择上都存在一定的困惑。

我先谈谈对于律师选择的困惑。对于要不要做律师，大多数毕业生都没有想好，而等想好这个问题时已经错过了太多。笔者在读研时，身边许多同学都说毕业后要做律师，但最终一个班上做律师的人十分之一都不到，究其原因，大多数还是不能忍受律师执业的艰辛，这种艰辛体现在很多方面。

第一，工作的荣耀感。当一份公检法的公务员工作和一份律师工作摆在毕业生面前时，大多数人都会毫不犹豫地选择前者，虽然部分毕业生被分到了基层法院派出法庭从事书记员的工作，但是从工作的荣誉感方面来说，前者所带来的体面似乎远远超过了一个实习律师。

第二，执业初期的薪资。就笔者所执业的南京而言，实习律师第一年的工资基本在每月3000元左右，好一点的能到5000元，个别律所甚至没有实习期工资，而外地人在南京生活的成本也不算低，于是答案出来了，做实习律师第一年可能生存都是问题，这个对于已经读到研究生的毕业生来说，确实是不能忍受的艰辛。

第三，发展的不确定因素。并不是每个人都适合做律师，律师需要的技能实在是太多了，也不是每一个选择了从事律师职业的人都能成为优秀律师、成功律师和大律师，这个行业淘汰率从你求职的那一刻已经产生，张勇律师在其《律师接案办案智慧与技巧：重大民事案件复盘》一书里曾说，“假设100人参加考试，放弃考试的可能有20人，通过考试的可能有8人，8人中从事律师职业的可能有5人，5人中转行的可能有2人，剩下的3人中，只有1人业务很好，其他一般”。这差不多也是律师行业的一个真实写照，当初和笔者一起实习的律师中，不少人已经转到了公司法务，甚至还有公司法务出来做律师，做了几年又回公司做法务的。这个行业中人来人往，所以有“铁打的律所，流水的律师”这样的说法。

当你想要做律师时，你首先要问自己这么几个问题：“我是不是还有其他更好的选择？”“我究竟是把它当成一份工作还是一个毕生追求的事业？”“我能不能忍受执业初期的困苦？”如果对于这几个问题你的回答都是肯定的，我认为你已经决定要做一名律师了。

有些毕业生在经历了求职失败之后把做律师当成最后的选择，甚至是迫于无奈的选择，我感觉在这种选择下做律师往往不容易成功，而且我也不喜欢这样的求职者。一份职业，唯有热爱才能做好，所谓热爱，就是非他不可。

律师是一份活到老、学到老，更是干到老的职业，在上海，有的律师七八十岁还在开庭，这是怎样让人感动的职业精神。话说回来，当你选择了做律师，就意味着前几年有可能处于入不敷出的状态，除非进入顶级的律所，否则生存是一名新人律师必须要考虑的问题，做律师，生存永远比发展重要。现在想起初做律师时的困苦，眼角有时还会情不自禁地泛起泪花，但也是这份困苦让我在以后的执业中更加积极和乐观，有的时候谈好的案子被当事人无端毁约，有的时候遭到当事人的无端指责，有的时候深深陷入办案的焦灼，但一想到那段最艰苦的实习律师的经历，这一切又算得了什么呢？这大概也是对律师职业的考验吧。

我再谈谈如何选择一家律所。选择一家律所大概要考虑这么几个因素：职业规划、指导老师、发展空间、律所平台，这些因素按照重要程度依次排列。

首先是你的职业规划，职业规划无非包括地域和专业。在城市的选择上，因人而异，但是如果可以去北上广，一定不要迟疑，律师业务在这三个城市中是最蓬勃的，个别领域的优势甚至是超前的，如知识产权法律服务，北京在这个领域绝对处于金字塔的顶尖，其他的不说，就拿最高人民法院、国家知识产权局等政府机构都在北京来说，优势也是其他城市所无法比拟的，笔者要是再年轻几岁，也许就去“北漂”了。

职业规划的专业方向，法律服务的领域有很多，适合自己的才是最好的，如果你具有理工科背景，那可以考虑做个专利律师，如果你擅长英语，那可以从事涉外法律服务，这个也是因人而异的。当你把地域和专业方向都确定下来的时候，下一步就可以考虑选择一家什么样的律所了。

在律师界，一直有“红圈所”的传说，“红圈所”所聚集的社会资源、律师大咖以及在行业里的影响力绝对是一流的。在律所的选择上，与其说是选择一家律所，还不如说是选择一个适合你、肯带你的指导老师。律师行业是一个师徒传承的行业，你的指导老师从你入职的第一天起就无时无刻不在影响着你，但是律师行业的师徒关系又没有强到可以把指导老师的威严强加到实习律师身上，又因为实习律师的工资往往是指导老师开的，这一行也经常把指导老师喊作“boss”，这一点跟学校里的学生称呼自己的导师差不多。

但指导老师也容易走极端，一个极端是把自己当成师傅，当成高高在上的“boss”，拥有绝对的权威；另一个极端是把自己完全当成老板，觉得我给你发工资，你就得听话，不要有自己的想法，做事就行，随叫随到，手机 7 × 24 小时开机。

我觉得这两种指导老师都不可取，律师行业的师徒既有利益的依赖也有感情的互补。所谓利益的依赖就是说指导老师招收实习律师首先是满足自己工作的需要，而实习律师跟一个指导老师也是为了学习经验，这里面有利益；所谓感情的互补是指导老师需要悉心教导，实习律师也需要虚心学习，这是要投入时间和感情的。在指导老师的选择上，最大的问题是如何选择一名好的指导老师，这里面涉及对人的判断。这种判断不仅对于新人来说很难，即便是同一个律所相处多年的律师，也不好判断，识人是最难的，唯一的方法就是和自己身边的同学、律师朋友多聊聊，或许某一个你认识的人就非常了解你所要选择的指导老师，这确实是缘分才能解释的。

在对律所的选择中，发展空间和律所平台基本上是你在执业三五年后才去考虑的事情，因为一开始无论在哪个律所，只要指导老师肯带你，你都能学到很多东西。而在执业三五年之后，当你慢慢融入律师行业，并且能生存下来的时候，发展空间和律所平台的问题就会凸显出来。当然如果一开始就能把这两个问题一并解决，以后就免得折腾，这里就不过多展开解释了。

总而言之，是不是选择做律师以及选择一家什么样的律所，是每个想做律师的法学毕业生都必须要面对的问题，尽管这个问题没有固定答案，我仍希望我对这个问题的回答能够给大家一些帮助，让大家在律师的道路上少走一些弯路。

写给律所实习生们

我所在的律所是一家在南京本地颇有名气、专业从事知识产权法律服务的律师事务所，虽然早年建立且能人辈出，号称南京知识产权律师的“黄埔军校”，但是很少对外招聘在校生实习。

一次，所里诉讼部决定对外招聘两名在校生实习，我以招聘信息的发布者、面试官及指导老师的身份参与了此次招聘的全过程。在近距离接触实习生的过程中，我有了一些自己的思考，现在我把这些思考梳理一下，希望能被更多的律所实习生看到，我想要告诉大家律所想要一个怎样的实习生以及实习需要注意的一些事项。

我觉得在所有跟实习相关的事项里，最为重要的是搞清楚实习的目的和意义，就是为什么而实习。对于这个问题大部分实习生都会回答“提高法律实践技能”，这并没有错，但是我觉得如果以这个为主要实习目的，实习工作可能会令你失望。对于另一部分想通过律所实习赚取生活费的同学来说，开个玩笑，律所实习可能还不如在大街上发传单赚得多。那么律所实习的目的和意义又是什么呢？

第一，律所实习能够让你很快地了解一家律所，是实习生与律所亲密接触的好机会，以前在法学院里所想象的律师生活就这么鲜明地摆在你眼前了。你可以观察一家律所的规模、了解一家律所的管理，甚至可以接触到一家律所的规章制度。这就相当于把以后你可能从事的律师职业的环境呈现给你，对于有志于从事律师工作的人来说，这是个难得的机会。

第二，律所实习是提供了一个让你进行社会实践的舞台，在这个舞台中你会发现除了需要学习专业的法律知识，更要注意人与人之间的相处和交流。一个毕业后根本就不想进实习律所工作的实习生对于这一点肯定是很漠视的，因为他的想法是实习期一到就走人，自然也就没有必要认识所里的其他同事。

第三，律所实习实际上是尝试转变法科生思维的一个过程。在法学院，学生更多是用三段论的方式去分析法律问题，首先看法律规定，其次考察法律事实，最后得出相应的法律结论。但是律师的思维方式是先有观点（原告或者被告的立场），然后再去收集相关事实和寻找法律支持。换言之，律师的思维方式和法学院的法学教育是相反的，如果一个实习生在实习的时候能够完成上述转变，那是很了不起的。

第四，律所实习实际上是发现法律问题并解决法律问题的一个过程。一个没有问题意识的实习生以后也当不好律师。举个最简单的例子：当一个实习生接到指导老师分派的复印证据材料的任务时，如果仅仅是将材料复印完成，那只能算是合格；如果自己去分析这些证据材料是如何构成证据链的、是否能够支持我方的观点，甚至能够提出一些与众不同的看法，那才是优秀。

正是因为很多实习生没有正确认识实习的目的和意义，一方面导致其在实习期内的表现无法满足律所的要求，另一方面自身也会产生失落的情绪。

实习律师常犯的那些错

我曾经说过一句话，每个实习律师都是把前辈们犯过的错误再来一遍，然后就成长了，区别在于，有些实习律师的错误只犯一次，有些则是多次，所以成长速度因人而异。

我也带过几名实习律师，这些年下来，确实也见过实习律师犯过的那些错。当然，有些错我自己也犯过。那么在日常工作中，究竟哪些错误是实习律师经常犯的呢？在这里我简单总结一下，需要特别说明的是，这些错误并不是针对某一个实习律师的。

1. 不懂得形式的重要性

律师是一个体面的职业，它光鲜艳丽，因此无论从人到事，无一不体现着精致、漂亮。许多实习律师一开始都没有意识到这一点。我觉得形式的重要性，至少体现在两个方面：（1）着装；（2）文书。

先谈着装。着正装是对律师职业最起码的尊重。很多实习律师认为如果没有啥特别重要的事情，着便装也未尝不可，但是他们不知道的是，着便装的同时也使自己丧失了很多机会。举个例子，一个对着装没有要求的律所，大家穿着都很随意，一个大boss下面带着好几个实习律师，有的着正装，有的着便装。恰好有一天大boss临时接到一个商务谈判的任务，需要带一名实习律师跟着，那么问题是你觉得他会选那个穿正装打领带的小伙子，还是那个穿便装着运动鞋的小伙子？答案是显而易见的。再举个例子，如果有一天突然有当事人登门，你觉得穿着便装接待合适吗？当然，有些人选择在办公室放一套正装备用也未尝不可。

再谈文书，错别字的问题我们就不说了，这个要杜绝。我曾经见过实习律师在一份文书里把当事人的名字写错的情况，这绝对是所有的错别字中最让人无法容忍的。试想，当事人看到这份文书心里会是什么感觉。除了错别字，就是文书的格式问题了。我见过很多实习律师写出来的文书，很不美观：字体方面，宋体、楷体混用；字号方面，四号、小四、五号字体混用；行间距方面，有的文书根本没有行间距，几百字的文字蜷缩在A4纸上。我有时候会反问：“你觉得这样的布局好看吗？”后来文书的问题出现得多了，我在团队内部制定了一套文书标准，情况才有所好转。对于比较重要的文书，我们还得搞个封面。文书嘛，拿出来就得漂漂亮亮的。

2. 不懂得授权的重要性

律师作为当事人的代理人，工作开展的前提就是当事人的授权，同样实习律师在完成指导老师交代的任务时，也是来自指导老师的授权，但是在实习律师工作中，越权的事情经常发生。

一件事情，只有当事人有明确授权时，我们才能去开展，我见过很多实习律师完全不考虑当事人的授权与否，在准备材料时，对于授权也没有足够重视。比如，常见的一般授权和特别授权，是需要进行严格区分的，并且这个问题也是庭审时法官会问的问题，有的实习律师在准备材料时套模板，完全不考虑指导老师与当事人之间约定的情况，明明是特别授权，却写成一般授权，结果到庭审的时候就出问题了。

对于授权不重视还有一种表现，就是在写文书的时候完全不考虑当事人的想法，仅仅从律师的角度去考虑问题，尤其在涉及金钱等问题方面，授权特别重要，不重视的话，也容易引起当事人的反感，比如对于赔偿数额、给付方式这些问题，都是需要跟指导老师和当事人确认的。

3. 不懂得时效的重要性

及时高效地完成委托人交办的事项是律师的本职工作，如果非要在及时和高效中选一个更为重要的要求，我认为及时更为重要。

所有的律师工作都有截止期限，聪明的律师助理在接受某个工作任务时往往会问一句：这个材料什么时候要？在规定或承诺好的期限内将材料提交给当事人或法院，不仅能赢得当事人的信任，也能够增加自己办案的信心。而很多实习律师在领任务时没有询问时效的习惯，有时候指导老师一忙可能也就忘了交代截止时间，结果当实习律师交出工作成果时，往往已经过了时效，这个时候很多工作成果就丧失了其价值。

不仅要关注截止日期，还要关注一些重要的日期，如和当事人约好的时间、开庭的时间、提交证据的期限，我们需要在这些期限到来之前做好相应的工作准备。

4. 不懂得指导老师接案的困难

作为律师，危机感是与生俱来的，无论今年创收多高，你仍然担心明年的创收。实习律师一开始办理的几乎都是指导老师交办的案件，这些案件金额有大有小，但无一例外成案都需要耗费时间和精力，然而实习律师对此感受并不深。由于对接案没有太深的感受，就造成了很多实习律师对案件抱着无所谓的态度，不懂得珍惜，自然就不重视案件的办理。

不了解接案的困难，在跟当事人沟通时自然就少了很多礼貌。每次面对此情景，我就经常跟实习律师讲：“我们做律师的，是服务行业，跟餐馆里端盘子的服务员没有本质区别，跟客户要轻言细语，让客户觉得得体是我们应尽的本分。”但有些实习律师自跨入律师行业，就以精英人士自居，对客户也缺乏基本的礼貌。我曾经有一次在跟客户聊天时得知，我带的一个实习律师竟然在电话里指责客户的不是，真是让我大跌眼镜。

当然，实习律师在实习过程中，还有可能犯其他错误、出现其他问题，这里就不赘述了。

年轻律师怎么寻找优质案源

试想，律师靠什么获得案源，是专业能力吗？可是别人都不认识你，又怎么知道你的专业能力呢？那是靠忽悠吗？在现在这个信息发达的时代，你代理的案件在中国裁判文书网都可以查到，又怎么能忽悠聪明的当事人呢？那究竟是靠什么呢？

我个人觉得律师获取案源最关键的因素是信任。律师获取案源的过程其实是在当事人与律师之间建立信任的过程，而影响这种信任的因素有很多。我们都有一个很直接的感受即熟人推荐的案件往往比通过其他途径获取的案件更容易形成委托代理关系，如果这个熟人本身又是一个很靠谱的人，那么当事人能够更容易对律师产生信任，一旦信任感建立起来，那么形成委托自然不是问题。

虽然现在互联网很发达，但是大多数优质案源或者是朋友推荐，或者是客户招投标，这两者都注定跟年轻律师关系不大。因为靠谱的朋友不会将一个很重要的案件推荐给年轻律师，办砸了，这个朋友的口碑也就没了，而招投标的优质案件内在的要求更多，比如要求团队律师执业五年以上就让很多年轻律师望而兴叹。

我刚才谈到了信任感的建立是律师获取案源的重要因素，而影响信任感建立的因素又有很多，难以一一说明，大抵包括案源获取的途径、律师与当事人交流的感受、律师本人的专业度等。举个例子，如果当事人刚好和律师是同一个学校的校友，那么接案成功率就会大大增加。

针对陌生的客户，我觉得行之有效的方式就是介绍自己的专业能力。介绍方式有很多，但一定要有鲜明的标签，这在营销学里也叫定位。比如，对外宣称自己是知识产权律师，现在的当事人更偏向于选择跟自己案件对口的专业律师，如果在接待过程中再把自己之前办理过的类似案件展现给当事人就更好了。年轻律师也许要说了，我刚执业哪有什么成功案件呢？不要紧，没有成功案例那就展示自己的法律功底，包括自己撰写的相关文章等。

年轻律师通过上述方法获取的案源不一定都是优质案源，想获取优质案源比较稳妥的方法还有一个，那就是成为律所里最努力和最优秀的年轻律师，跟前辈们相处好，相信他们会找你合作的，这些老前辈的案件基本上都是有选择的，不乏优质案源。

还有一件很重要的事情，千万不要跑去法院搞电话销售，那样会拉低自己的身价，有这个时间，还不如认准一个方向，在一些平台做一些专业的解答，打造自己的专业形象，多出席一些专业领域的会议，认识多一点的同道中人……总之，不要太着急，年轻律师的成长是一个行业难题，前期先生存下来更重要，心态放好，做好“三年不开张，开张吃三年”的心理准备，一切都会慢慢好起来的。

你所认为的律师职业并不是你所认为的那样

最近，我跟一些刚入行的新人交流律师职业，这中间有一些人对律师行业的看法让我觉得有澄清的必要。

一、关于适合不适合

我曾经认为从事律师职业只要不是太笨、肯努力，都可以做起来，但是现在我修正一下我的观点：对于以后要独立执业的律师而言，是否具备足够的情商是适不适合做律师的关键。所谓情商，简单点说就是眼力见儿，复杂点说就是察言观色，如果一个人只是从自己的角度出发思考问题，不会换位思考，情商肯定不够高。而且律师职业的思维方式就是不停地换位思考，特别是诉讼律师，经常要思考的是“如果我是对方律师我该怎么应对”。情商高体现为能够为当事人着想，能够为指导老师着想（站在指导老师的位置去评判指导老师所交代的工作，而不是仅仅完成一个任务）。可惜的是，我们有些新人缺乏这种能力。

二、关于工作的自由

我和一名已经从事实习律师工作将近一年的团队成员聊天，问她对于律师职业的感受，她说原来律师工作还是挺忙的。因为忙，所以即便是自由工作时间，时间也是不够用，不够自由。前几个月团队招新人，我一定会问的问题就是：你能接受加班吗？对于那些希望有双休的人、希望朝九晚五的人来说，我必须要告诉你们，律师工作真的很累。律所和律师一定是有双休的，因为周末法院不上班，律师的下班无非换个地方继续工作而已。律师也可以适当少做点案子，少赚点钱，让自己的时间更多一点，不过这需要执业数年且业务创收不错才能做到。对于刚入行的前几年，年轻律师们还是做好加班熬夜的准备，即便像我这样已经在带团队的，也还在熬夜码字呢。

三、关于收入的高低

律师行业总是给人一种错觉，就是这个行业很赚钱，但对不起，这一点又让你们失望了。对于普通律师，除去律所的提成和该交的个人所得税之后，其实收入也不是很高。并且很多执业多年的律师，收入也没有明显的增长。“二八定律”在律师行业体现得相当明显。

四、关于律师所需要具备的技能

必须说明的是，法律功底扎实跟你做律师好不好没有必然联系。以我自身的经验而言，律师其实是多面手，既要懂法律，又要懂商业。那些仅仅想着把案件办好的律师基本上也就能仅仅把案件办好，无法形成自身的品牌优势。在基本技能上，你要具备一定的演讲能力、做PPT的能力、总结案件经验的能力、摄影的能力、写作的能力等，你还认为律师只要法律功底好就行吗？行业里做得好的律师基本上都是多面手。

第九章　知识产权律师的得与失

对不起，知识产权律师都很贵

1

前几天，我接到一个让我很感动的咨询，跟别的咨询者不一样，这位女士一上来就说："王律师，不好意思耽误您一点时间，我会付咨询费的。"我一听就很感动，做律师这么长时间，终于碰到了主动要给咨询费的当事人，这种尊重和认同已经决定让我好好回答她的问题，我甚至让她把涉案的合同文本通过电子邮件发给我，以便我给出更全面的法律意见。这位女士在咨询完毕之后一定要加我微信，转钱给我，我婉言拒绝：首先，电话咨询我一般不收费；其次，私下收费不符合律所规定，也有违律师执业道德；最后，我的微信一般不加陌生人。虽然这位女士非常执着，但后来我还是拒绝了这位女士的好意。

2

做律师这么多年，我们可能总觉得老百姓是打不起官司的，因为打官司很费钱。做律师前我去医院看病，觉得医院收费好贵，专家号多则上百元，诊疗费、药费更是一开就是大几百元，但是做律师后，我觉得医院收费真不贵，贵的是律师收费。有些沿海地区律师的指导收费，民事诉讼最低2500元起，实际上执业三年以上的律师这样的收费几乎不做，做了就亏，法律咨询更是少则几百块，多则上千块，我说的是一小时哦！

3

做免费法律服务的律师，都是在亏本。这个是很多人不能理解的，免费法律服务只是不赚钱而已，怎么会亏呢？这是因为律师的时间是有限的，他为你做免费的法律服务就失去了做收费服务的时间，所以免费法律服务一做就亏。而且免费法律服务后面的目的也是收费服务，如果一个免费电话咨询感觉形成不了收费法律服务业务，这个做咨询的律师大多也就失去了兴趣，而对于咨询者而言，天下从来就没有免费的午餐。

4

知识产权律师跟其他律师不同的是，其专业性更强，并且很多都有理工科背景，拥有专利代理人执业证，所以知识产权律师的教育成本更大，其执业之后，收费更贵也就是自然而然的事情。

5

我经常会免费给我的亲友同学提供法律服务，但同样是说话，医生发表诊疗意见收费他们能想得通，老师上课教学收学费他们也能想得通，但是轮到律师发表法律意见收费他们就想不通。很多人会认为律师就是要耍嘴皮子，官司打赢了他们会说这个案子不请律师也能打得赢、这个案子法官很公正、这个案子律师费花得有点冤；官司打输了，他们会说这个律师没用、这个法官不行、法院果然是吃完原告吃被告……其实他们确实没有想过，如果没有律师，他们在法庭上可能无法准确地表达自己；如果没有律师，这个案子可能会赔得更多。

6

有一天，一个同学打电话给我，说他一个哥哥需要法律咨询，我说好，那就请他打电话给我，那位大哥打电话过来，第一句话就是“小王，我有个问题你给我回答一下”。叫我“小王”已令我十分不爽，又加上用一种命令式的语气，但碍于面子，我还是帮他解答了一下，而他电话咨询还不过瘾，又到律所来找我当面咨询，我还是礼貌性地帮他分析了一下，再后来就是隔三岔五的电话咨询，好像他的事情很多，并且他朋友的事情也很多，很多次我很想告诉他，我这里不是法律援助机构，但还是忍住了。人有的时候需要一种尊重。我执业伊始，跟着我们律所主任做案子，有时也跟主任一起见当事人，当事人有时会喊我“小王”，但是主任每次介绍我时都会说，这是王律师，这样的一个细节让我倍感温暖。现在我也带助理，我每次介绍她时也会认真地说这是某某律师，这就是推己及人。

7

若碰到有眼缘的当事人，我的收费会优惠一些，在正常收费的基础上打个九折、八折，都是常有的事情，我也会耐心解答那些有礼貌的咨询者。这是人与人之间的尊重，亲戚、朋友遇到法律问题，我也是能帮就帮，能够在有事的时候想到我，说明大家认可我的价值，但即便如此，我还是得要让他们明白知识产权律师收费都很贵，是的，这种事不说出来他们是不能理解的。当然我更需要的是对律师职业的尊重，这种尊重比任何一份收费都珍贵。

律师的情怀与功利

曾有位律师如是说：律师执业初期要有些情怀，这样有助于度过执业初期的艰难，等执业渐入佳境时，要多一些功利主义，这样有助于更好地成长。结合自身的律师执业感悟，深以为然。

情怀主义和功利主义两者并不相悖，但是说到底，为律且先为人。

律师不食人间烟火那就变成禅师了，但是如果律师只注重功利，也难成大师，依我看，情怀和功利两者都要具备，不可偏废。首先，我不认同以法律精英自居的情怀，这种是要不得的，精英身份的认同应该是由外而内的，而不是由内而外，换言之，只有别人认为你是精英你才可能是精英，自我认为是那是想当然。我所欣赏的情怀是善良、谦逊，把律师作为毕生的事业来追求的情怀，在这种情怀之下，你不会拒绝一个陷入法律困境的穷人，也不会蔑视任何一个对庭的律师，更不会颠倒黑白、混淆是非，而是会认真、踏实地做好每一个案子。

我所欣赏的功利是和自己付出相等值的功利，律师不是慈善家，如果一个律师的付出得不到相应的回报，对律师和当事人会造成双重伤害：对于律师而言，一个案件收费低了，他肯定不愿意花太多时间在上面，除非这个案件有另外吸引他的地方；而对于当事人而言，虽然律师费可以少付出一点，但是由于律师收费较低、付出时间较少，可能会产生永久的伤害，比如输了官司。我经常也说，既然接受委托了，不管律师费多低都得认真做下去，但是并不是每个律师都和我抱有同样的想法，现实的情况是，对律师费收得高的案件，律师办案的热情会更高。即便如此，我也不愿为“五斗米折腰”这样的事情发生在我们律师身上。

情怀和功利，这是律师职业的两个极端，能够平衡两者也是律师工作的一门艺术。但无论何时，我们都不要忘记初衷，不要忘记我们为何而出发，所向何处。

律师的江湖

我经常讲的一个关于律所管理的段子，也是一位律师前辈告诉我的：有一家律所主任心境豁达，准备学老子的无为而治，将律所公章置于公共显目之处，律师若有盖章需求可自取自盖，结果可想而知，公章被私用乱用，导致了很多问题。在练习了很多次之后，我讲这个笑话终于不再笑场，但仔细想想确实好搞笑，如果稍微了解一下律师从业特点，或许这位律所主任无论如何也不会作出这种决定。

刚开始执业那会儿，在介绍自己是一名律师时，多少还带着一些自豪感，毕竟我们也是从“天下第一考”的司法考试中筛选出来的，好歹也是经历了艰难的抉择才选择做一名律师的。但现在，如果别人问到我的职业，我首先会说是搞法律的，并不想直截了当地说自己是律师，但可惜搞法律的职业也就那么几个，别人听到我这个答案时首先会根据我的长相和穿着排除我属于公检法的选项，然后会带着一种疑问的口气发问：“你是律师？”这个时候我只能默默地点头承认，好像被迫做了律师一样，其实我是怕给跟我交往的人带来压力，毕竟律师在别人的眼里属于“人精”的那类，但我恰恰不是，除了当事人的事情，其他的都不是我的事情。

律师开发法律服务产品必须要考虑的几个问题

当我们在谈论法律服务产品的时候，我们在谈论什么？什么是法律服务产品，它跟法律服务本身又有什么区别呢？我觉得这是律师进行法律服务产品研发时必须要搞清楚的问题，但还不仅仅于此。

我觉得至关重要的一点是，我们需要给法律服务产品下一个定义。

虽然我也看过很多涉及法律服务产品的文章，但很少看到有人去给法律服务产品下一个定义，这难道是因为法律服务产品无法定义吗？还是因为我们从来就没有认真想过“法律服务产品”这个词的含义，进而去给他下一个定义。

对法律服务产品进行定义是我们探讨法律服务产品的前提，否则所有的探讨就是在凭空想象，虚无缥缈。我认为法律服务产品本身兼顾法律服务和产品两大特点。从法律服务的角度讲，其最核心的是法律服务方案或者法律服务内容。无论是方案还是内容，大多是无形的，但会产生有形的法律成果，如各类法律文书。从产品的角度讲，它一般是可以被售卖的，可以被定价的，也可以被客户感知的，并且更重要的是，它可以批量生产，客户群体的需求一般是长期的和稳定的。

我之所以加上“一般”，是因为不是所有的法律服务都具备上述特点，但我们却真真切切地在售卖它，从更广泛的含义上讲，凡是被售卖的都可以称为产品，按照这个逻辑，凡是已经支付过律师费的法律服务都可以称为产品，但这并不是我们要探讨的法律服务产品。

法律服务产品的核心是法律服务方案或法律服务内容，而法律服务方案或法律服务内容的核心又在于需要告知客户如何提供法律服务，这里的“如何提供”包括什么人在什么地方按照程序提供什么服务、形成何种法律成果并达到何种法律效果，法律服务产品只有具备以上“如何提供”的实质内容，它对于客户而言才是可以被感知的。

在分析了法律服务产品的内容之后，我觉得法律服务产品的定义不妨姑且概括为：具有一定售价，能够被法律服务客户所购买的法律服务方案或法律服务内容。

我们了解了法律服务产品的特点和内涵后，在讲具体的律师业务开发为法律服务产品的过程中，一定要考虑以下几个问题。

第一，是否具有一定的客户群体。

正如所有的有形产品都拥有一定的客户群体，法律服务产品也是面向一定客户的，大部分法律服务产品不可能直接适用于各行各业。而有些法律服务由于不具备特定的目标客户群体或者目标客户群体过小，后期难以开发而不适合做成法律服务产品。

第二，是否可以反复使用。

法律服务产品一定是可以反复使用的，这里的“反复使用”不意味着每次使用都一样，我们当然可以针对特定的客户做特定的修改，但是一个法律服务产品不能反复使用，可能不仅意味着它之前服务过的场景不具有再现性，也意味着它的客户群体过小，没有再次使用的可能性。其实这个问题跟第一个问题殊途同归，它们都属于同一个问题：如果法律服务产品目标群体不明确、市场需求过小，那在考虑开发时就要当心了。

第三，是否容易被竞争对手复制。

法律服务产品如果太容易被竞争对手复制，那么就不建议研发，可能最后是为他人作嫁衣。那么什么样的产品不容易被复制呢？我认为应当是虚实结合的产品。所谓虚，是指无形的法律服务，常见的包括答复电话咨询、定期登门拜访、组织专家研讨、牵头沙龙论坛等；所谓实，是指实实在在看得见的成果，主要是各类合规文本、法律意见书等。如果一个法律服务产品仅有实的东西，很容易被剽窃，如果竞争对手商业头脑再发达一点，基本上你必输无疑。如果一个法律服务产品仅有虚的部分，那么其很难被客户认可。另外需要指出的是，虚的部分需要依赖主办律师的经验来进行强化，强调此前的成功经验，唯有经验和资历是不可复制的。

第四，是否可以流程化和规范化。

法律业务品种繁多，在这些法律业务中，只有能够被流程化和规范化的法律业务才有被研发成法律服务产品的可能。这是因为，只有流程化和规范化后，法律服务产品才能定型，对于不同的客户才可以制定统一的定价，另外只有流程化和规范化，才意味着产品可以被批量生产、复制，甚至进行团队内的分工协作。

第五，是否容易被客户提前感知。

对于客户而言，他去购买一个法律服务产品之前，通常要先判断这项服务是不是值得购买。我们列举两个方案：第一个服务产品讲明了其提供何种法律服务，第二个服务产品不仅列明了能够提供何种法律服务，还列明了如何提供，以及会有哪些法律成果产生，甚至还有很多典型案例。可以想象，客户大多会购买第二种服务产品，因为其会提前被客户感知。我们可以把对法律服务产品说明的这部分叫作产品说明书，我认为每个法律服务产品都要有一份产品说明书，但是记住，产品说明书永远不可能替代法律服务产品本身，产品说明书类似于橱窗展示的效果。

我认为，在进行法律业务产品化之前必须要考虑上述几点。由此推论出，一个好的法律服务产品应当能够满足一定的客户需求，具有标准化的流程和严格的规范，可实操性强，且能够被客户提前感知并不容易被竞争对手复制和剽窃。

第十章　发现身边的知识产权

对影视节目知识产权问题的一点看法

近年来，我们显然意识到了知识产权保护的重要性，政府也多次在重要场合表明加强知识产权保护的立场，没有知识产权保护，“大众创业、万众创新”就仅仅是个口号。影视节目的知识产权法律问题尤为突出，笔者认为这些知识产权法律问题发生的根源在于影视节目的制作方对于知识产权保护的认知不够，甚至缺乏基本的知识产权保护常识。

很多人都不知道知识产权的确切内涵，更不要说去区分商标权、著作权、专利权等更专业的法律术语。

著作权是最广泛的知识产权，这种权利不需要经过政府的批准即可受到法律保护，其获得的条件是独立创作完成某个作品，这里的作品就是我们通常意义上所理解的文字作品（如小说、诗歌、散文），美术作品（如绘画、雕塑），摄影作品等。在影视节目中，最常见的著作权就是影视节目的剧本和影视节目本身。

商标权是最容易理解的知识产权，所谓商标，就是一种商业标志，可以起到区别商品的作用。商标可以是文字、图形、数字、三维标志，2013年《商标法》修改后，声音也可以作为商标申请了。商标权跟著作权最大的不同是，商标权的获得需要商标注册人向商标局申请注册，经过审查后才能获得，如果不符合商标申请的法律规定，那么商标注册就会被驳回。

目前影视节目中所发生的知识产权法律问题主要跟著作权和商标权相关并集中在以下两大类型中。

1.影视节目的剧本侵权纠纷

这类侵权纠纷主要体现为影视节目的剧本侵犯了他人的文字作品（主要为小说）的著作权。

比如，琼某诉于某案及《鬼吹灯》的作者状告《九层妖塔》侵权。在琼某诉于某案中，琼某认为于某的《宫锁连城》无论是故事情节还是人物设置都抄袭了其《梅花烙》的作品，最终二审法院判定于某赔偿琼某人民币500万元。

这类侵权纠纷主要是侵犯了著作权中的复制权、改编权等。复制权，顾名思义，就是把作品复制成一份或多份的权利。改编权即在原作品的基础上创造新作品的权利，电视剧续集就是改编权应用的典型。一般来说，行使复制权和改编权都需要经过原作者的同意，未经同意，擅自复制、改编即构成侵权。如果对原著进行改编的时候对原著所要传达的意思进行了歪曲、篡改，还会构成对保护作品完整权的侵犯，《鬼吹灯》作者状告《九层妖塔》即存在这种侵权情形。

在互联网发达的时代，如果将侵权的影视节目放在网络上供他人下载观看，还会构成对信息网络传播权的侵犯。

除了对文字作品的侵权，如果不经别人许可，擅自在影视节目中使用他人的音乐和拍摄的视频也同样会构成对著作权的侵犯。

2.影视节目的名称侵权纠纷

在这类侵权纠纷中，影视节目往往成为“受害者”，最常见的就是别人把正在热播的影视节目名称注册为商标使用，当然也有影视节目名称本身侵犯他人商标权的。

一般来说，商标注册不得侵犯他人在先的权利，如以图形为主的商标如果满足作品独创性的要求还会构成美术作品，如果商标注册人与图形创作者不是同一人，且未经图形创作者的授权许可，这样的商标注册由于侵犯了他人的在先权利，必然不会得到商标局的批准。而文字商标往往不会发生这样的情况，如“芈月”二字无论如何都构不成作品，所以《芈月传》虽然热播，但是芈月商标已经被人抢先一步注册，这就是通常所谓的抢注。

但是文字商标中的文字如果采用了独特设计的艺术字体并采用了一定的排版，由于倾注了设计者的心血，具有独创性，笔者认为是可以作为美术作品来进行保护的。我们看《非诚勿扰》这个电影名称在海报宣传中是采用的繁体字设计和独特的编排，因此实际上是可以构成美术作品的。

影视节目还包括其他一些知识产权法律问题，如不正当竞争问题、综艺节目模式侵权问题等，要避免影视节目的知识产权侵权或被侵权，从三个方面着手可能会更好些：（1）通过正规途径获得相关著作权人的授权；（2）在影视节目制作宣传之前就着手商标的申请；（3）聘请专业的知识产权法律人士进行全程指导。

《白夜行》中几个与知识产权相关的故事

《白夜行》是日本作家东野圭吾创作的长篇小说，也是其代表作。《白夜行》围绕着一起起犯罪，层层揭开了男主人公桐原亮司和女主人公雪穗之间类似于虾虎鱼与枪虾之间互利共生的恶，而桐原亮司在小说中说“我觉得我的人生就像在白夜中行走”，也暗示了《白夜行》名字的由来。

笔者最近将这篇小说读完，从知识产权律师的角度尤其关注到了小说中跟知识产权相关的故事和情节，其中有两个故事，作者东野圭吾花了很多精力进行构思。

1. submarine盗版事件

“submarine”是某学院电机工程系第六研究室的学生利用闲暇时间开发的一款游戏软件，游戏内容是尽快击沉潜藏于海底的敌方潜水艇。雪穗的家教老师中道正晴也是该游戏的作者之一。

在一次家教活动中，中道正晴无意间提到他开发游戏软件的事情，雪穗大加赞赏，中道正晴感到无比喜悦，因为他一直爱慕着雪穗，雪穗则利用这一点提出要看一下游戏卡带，于是中道正晴将自己平常放在家中的存有“submarine”的卡带给雪穗看了一下，但令中道正晴没有想到的是，雪穗偷偷拷贝了一份，并发给了桐原亮司。

因为桐原亮司帮助园村友彦制造不在场证明的缘故，园村友彦帮助桐原亮司修改了这款游戏，桐原亮司将修改后的游戏取名为“marine crash”，并成立了无限企划公司专门以邮购方式进行出售。

这个故事讲述的是一个典型的侵犯著作权案件，但是从小说故事所处的年代来看，那个时候计算机软件刚刚兴起，计算机软件作为著作权进行保护在日本还没有先例，小说也说了那个时候日本政府开始针对复制软件展开取缔活动，桐原亮司的公司也收到了警告函。对于这一点，作者借主人公桐原亮司的话说“如果打官司，他们大概会判定复制的程序违法”，最好的证据是美国《修正著作权法》，明文规定“程序为书写者个人学术思想的创造性表现，为著作物”。

日本现行的《著作权法》是1970年制定的，后来修订的时候对计算机软件开始了明确保护，这也进一步呼应了小说里所讲的20世纪80年代大背景。

2. 生产技术专家系统软件数据泄露事件

生产技术专家系统软件是东西电装东京总公司的一款内部软件，包含了诸如金属加工方面的热处理、化学处理等生产技术数据。而Memorix软件开发强力促销的金属加工专家系统跟东西电装公司的生产技术专家系统数据基本一模一样，后来发现是有人以不正当手段侵入专家系统，利用公司内部的工作站，复制了整个生产技术专家系统。

在这起泄露事件中，雪穗依然起到了关键作用，其丈夫高宫诚就是在东西电装公司专利部工作，专利部的员工由于平常需要搜寻专利数据，均已经取得生产技术专家系统软件的用户名和密码，而雪穗则是偷偷记录了高宫诚抄在工作证后面的用户名和密码并发给了桐原亮司，桐原亮司化名秋吉雄一进入Memorix软件公司工作，并担任主任研发员，Memorix进而掌握了相关数据。

虽然在小说中，东西电装公司负责调查软件泄露的人认为其构成侵犯计算机软件，但是从泄露的对象来看，应当还包括了东西电装公司的部分商业秘密，主要是生产技术数据。20世纪80年代的日本，对于商业秘密的保护主要还是通过民事事先约定的方式提供合同法上的保护，直到1990年日本修订《不正当竞争防止法》才首次增设商业秘密条款，笔者不知道东野圭吾有没有对日本的商业秘密作专门的研究，但是小说中没有提及商业秘密的具体保护确实也符合当时的时代背景。

除了上述两个案件，《白夜行》里还提到了很多跟知识产权相关的情节，如小说第七章的开篇定格在“涡电流探伤线圈之形状”申请书上，这份专利申请与寻找汽车水箱排水管缺损的器具有关，如小说中的人物三泽千都留是东西电装公司的派遣员工，在被派遣到东西电装公司工作期间主要负责整理专利（将微胶卷记录的专利数据改称为磁盘记录），如“个人电脑商店mugen”盗版高尔夫游戏和超级马里奥，以及后来筱冢药品数据泄露事件。

由此可见，东野圭吾对于知识产权有一定的研究，否则其不可能描写这么多跟知识产权相关的情况，借着《白夜行》这部优秀的推理小说，我们也可以对日本的技术发展以及知识产权保护多一些认识。

从《随园食单》看律师之道

最近一直在读《随园食单》，这本书由清代才子袁枚花费40余年写作完成，可以说是我国古代烹饪学的集大成者。虽是讲饮食、谈烹饪，但是很多语句读下来竟然跟律师之道有很多相似之处，这里且聊一二。

一、"学问之道，先知而后行，饮食亦然"

这是《随园食单》中《须知单》的第一句话，袁枚写《随园食单》累计有《须知单》《戒单》《海鲜单》《江鲜单》《特性单》《杂牲单》《羽族单》《水族有鳞单》《水族无鳞单》《杂素菜单》《小菜单》《点心单》《饭粥单》《茶酒单》。《须知单》为十四类别之首，而这一句又是《须知单》的第一句，足见其重要。

袁枚将饮食之道与学问之道进行比较，强调两者都是"先知而后行"。做律师何尝不是如此？"先知"要求我们熟知法律，明了事实，"后行"要求我们认真进行法律适用、法律评价，以事实为依据，以法律为准绳。

二、"为政者兴一利，不如除一弊，能除饮食之弊，则思过半矣"

这句是《戒单》的第一句，疑从名言"兴一利不如除一害，生一事不如省一事"而来。《戒单》中所列诸事，均为烹饪禁忌，如"同锅熟""耳餐""目食"等。

做律师也有很多禁忌，如大包大揽、损害当事人利益、勾兑法官等，戒掉这些律师之道自然清爽。更为重要的是为律要认真，《随园食单》里对于饮食的认知说得最好：凡事不可苟且，而于饮食尤甚……审问、慎思、明辨，为学之方也。

三、“粥饭，本也；余菜，末也。本立而道生”

这是《饭粥单》的第一句，中国人的饮食，是离不开饭粥的，粥被宋人陶谷戏称为“双弓米”，袁枚将饭粥单列一单，并视为饮食的根本，足见其睿智。“本立而道生”语出《论语·学而》“君子务本，本立而道生”。于律师而言，这句话可变通为“事实，本也；法律，末也。本立而道生”。

在法律职业中，只有律师是离事实最近的，任何一个当事人只要是对律师足够信任，均会如实相告，因为对事实的无所不知，使得律师的法庭辩论充满了气场，而对法律的运用只不过是锦上添花而已。

袁枚说“见水不见米，非粥也；见米不见水，非粥也”，粥虽是平常之物，却不易做精，事实也是如此。想了解全部事实对于律师来说也是很难的，但这不正是我们的努力所向吗？

真相：法律人的终极目标

真相，永远是法律人追求的结果。不管你是法官还是检察官，抑或律师。

但实际上真相也是最容易被掩埋的，随着时间的流逝，我们已经无法百分之百地还原事情的本来面目，但只要有一丝可能，我们就要去尝试一下。

查清事实，是法官的首要任务，而尊重事实、利用事实则是律师的工作职责。

对于已有确定的事实而言，法律人应当保持敬畏之心，这甚至是法律人的一个信仰，而利用已有的事实去达到自己的代理或辩护目标，不仅是一种职责，更是一种艺术。在律师代理的案件中，大部分情况就是双方都有一定的事实和理由，实际上每个案子都给律师利用事实提供了空间，从这种对事实的利用来看，律师的水平高低一下子就能反映出来，水平低的律师还在围绕着否定对方事实方面做努力，而水平高的律师已经从全局上去把握那些关键事实。对于法官而言，大部分案件的事实都是能够查清的，因此否定事实并不能真正赢得法官的支持，相反，倒是那些“坦诚”的律师更让法官欣赏。

不管是法官还是律师，不管你是否认还是承认，真相，就在那里。

第十一章　感悟随想

向律师咨询法律问题的正确姿势

执业这几年，被人咨询过无数法律问题，现在的状态基本上是看到陌生电话都会不由自主地想拒接。接了之后，碰到对方轻言细语的，基本上不是推销就是法律咨询的。有时候，咨询者会提前打声招呼，让我有所准备，更多的时候是突然拜访，这种心急如焚多少让我有点无所适从。隔行如隔山，很多咨询者也是初次咨询，因此了解一些向律师咨询法律问题的“正确姿势”尤为重要。下面这几点，初次咨询者可以重点学习。

第一，选择合适的时间。

一个正常执业的律师，他不是在开庭就是在开庭的路上，因此选择合适的时间进行法律咨询尤为重要。

通常来说，在工作时间进行法律咨询会比较好，而中午的时间比较理想，正常执业的律师中午往往舍不得休息，比如我，中午刚吃完饭，喝杯茶，坐在办公室，突然来一个法律咨询，想必会好好作答。

第二，选择合适的地点。

合适的地点是对于咨询者而言的，请不要在移动的交通工具上进行法律咨询，信号有时会大打折扣，尤其在快速移动的高铁上等，请不要选择喧闹的地点进行法律咨询，有时律师的解答会被周遭的嘈杂声掩盖掉，你会认为你碰到了一个假律师。在厕所的时候也不要咨询，虽然安静，但难免会伴随着你的深呼吸，严重影响律师的解答思路。

第三，确定好你的问题。

大多数咨询者喜欢把事情的来龙去脉讲得很清楚，但是对于律师而言，这个完全没有必要，基本上在听完前三句之后，律师就已经知道问题的大概范围，这个时候，简洁明了的问题能节省很多时间，问题还要具有一定的现实意义。比如，“我把人撞了，我要不要负担他的医药费？”这个问题就比“假如我把人撞了，我要不要负担他的医药费？”具有现实意义，律师不是科幻小说作者。而“我的狗被人撞了，我得怎么索赔？”这个问题就比“我和我老婆结婚很多年了……我的狗被人撞了，我该怎么索赔？”简洁多了，前面的那段感情史对于整个咨询而言毫无帮助。

第四，尽量电话咨询。

对于某些在QQ或者微信上的咨询，我是很反感的，本身咨询就不收费，还要为你打一段字，真是让人身心俱疲。所以面对这些咨询者，我往往要求直接打电话。电话咨询会节省双方很多时间，也会减轻律师想要收费的感觉，毕竟跟说话相比，码字律师的收费更高。

如何解决知识产权侵权成本低、维权成本高的矛盾

我觉得“知识产权侵权成本低、维权成本高”是一个错觉。

知识产权侵权大概包括了著作权侵权、商标侵权、专利侵权和商业秘密及不正当竞争侵权等，因在知识产权侵权案件中原告的损失或被告的获益往往不好举证，故而无论是商标法、著作权法还是专利法都规定了法院可以自由裁量判决的一个数额区间，就这个法定赔偿数额的上限而言，我觉得并不低，换言之，维权获益至少从表面上来说并不低。

我们再回到目前的司法实践，在南京地区，著作权侵权这块，未

经许可使用一张图片法院判赔在3000元左右，而目前的图片的商业许可一般都达不到这样的价格，而这样的一张图片可能仅体现为一张毫无特色的摄影图片（有的图片商业价值有限）。如果作品本身比较著名，那么法院判赔会更高，如近年来的一些热点IP案件。再看商标侵权的案例，法院的判赔也是逐年走高，专利侵权的案件也是如此。笔者曾经代理过一个专利侵权的被告，其制造使用了一台机器（机器本身两三万元），就被判赔十几万元，几乎破产（被告是一家小公司）。从这些司法实践来看，我觉得维权的获益也不能说低。

谈完维权的获益，再谈谈维权的成本。个人认为所有的知识产权诉讼维权最大的成本就是时间成本。在我国，民事诉讼一审时间、二审时间，再加上一、二审法院的衔接时间，一年的时间差不多就过去了，有时候双方还会走再审，具体到比较复杂的技术案件中，超审限也是很正常的，而这段时间，对于原告来说，即便官司打赢了，可能也错失了很多商业机会。

对于知识产权诉讼维权的金钱成本，可能大部分人还不是很了解，在我看来已经比较低了。这里的金钱成本大概包括律师费、公证费、诉讼费及其他费用。先谈律师费，知识产权案件的律师费不好收，一是因为知识产权案件没有确定的诉讼标的数额；二是知识产权案件的判赔额也是不确定的，这两方面的原因导致了知识产权案件律师费不好计算和收取。一般来说，目前知识产权案件采取半风险代理的方式很多，也就是先收取一部分律师费然后再根据赔偿额的比例收取，这样既能减轻当事人给付律师费的压力，又能提高律师的工作积极性。除了律师费，就是公证费，南京的公证费用一般在2000元左右，如果诉讼标的是10万元，那么诉讼费在2300元左右。总结一下，诉讼标的在10万元的案件，前期成本在1.5万元左右，需要说明的是在知识产权案件中当事人在起诉时已经支付的维权合理费用都可以要求被告支付，这样一算对于胜诉无疑的案件维权好像也没有金钱成本。

我们再来看看侵权的成本，知识产权侵权也是需要成本的，除了著作权领域那种简单的复制，可能确实不需要什么成本，但是像商标侵权、专利侵权都要有实际的生产经营活动。之所以大家认为侵权的成本低，主要是因为侵权所带来的法律责任轻。这是根本问题。

侵犯知识产权作为一种违法行为，在法律层面上可能要面临承担民事责任、行政责任和刑事责任。刚才我大概也分析了民事责任承担的可能，但是一个国家知识产权维权程度的增强，更多的是需要行政责任和刑事责任的承担，以及社会整体知识产权保护意识的增强。

先说民事维权，民事维权实际上并不是维权成本高，或者说虽然民事维权成本在一定程度上比较高（对于自然人的创作者而言即便是1.5万元的维权成本可能也比较高了），但只要走下去，获益不会太差。问题在于发生知识产权侵权时有多少人愿意第一时间把案件交给律师去处理呢?

对于很多人来说，不到万不得已不会想到打官司。

我国刑法对于知识产权类犯罪的规定主要集中在《刑法》第二编第三章第七节中，隶属于破坏社会主义市场经济秩序罪。该节的第二百一十三条规定了假冒注册商标罪，第二百一十四条规定了销售假冒注册商标的商品罪，第二百一十五条规定了非法制造、销售非法制造的注册商标标识罪，第二百一十六条规定了假冒专利罪，第二百一十七条规定了侵犯著作权罪，第二百一十八条规定了销售侵权复制品罪，第二百一十九条规定了侵犯商业秘密罪。

在司法解释层面，1998年最高人民法院出台了《关于审理非法出版物刑事案件具体应用法律若干问题的解释》，该司法解释涉及了部分侵犯著作权罪的法律条文。2004年最高人民法院、最高人民检察院出台了《关于办理侵犯知识产权刑事案件具体应用法律若干问题的解释》，2007年最高人民法院、最高人民检察院出台了《关于办理侵犯知识产权刑事案件具体应用法律若干问题的解释（二）》，2020年最高人民法院、最高人民检察院出台了《关于办理侵犯知识产权刑事案件具体应用法律若干问题的解释（三）》。2008年最高人民检察院、公安部《关于公安机关管辖的刑事案件立案追诉标准的规定（一）》等也对知识产权犯罪的管辖做了相应的规定。

目前商业秘密亦涉及民事法律规定，主要是《反不正当竞争法》及《最高人民法院关于审理不正当竞争民事案件应用法律若干问题的解释》。

那么这些罪的入罪标准又是如何呢？大家可以看我下面总结的表格（如表11-1所示），基本上达到3万元才能入罪。

表11-1　入罪标准对比

<table>
<tr><th rowspan="2">序号</th><th rowspan="2" colspan="2">罪名</th><th colspan="3">一般情节（3年以下）</th><th colspan="3">严重情节（3—7年）</th></tr>
<tr><th>违法所得</th><th>非法经营额</th><th>其他</th><th>非法所得</th><th>非法经营额</th><th>其他</th></tr>
<tr><td rowspan="2">1</td><td rowspan="2">假冒注册商标罪</td><td>一种</td><td>3万元</td><td>5万元</td><td rowspan="2"></td><td>15万元</td><td>25万元</td><td rowspan="2"></td></tr>
<tr><td>两种</td><td>2万元</td><td>3万元</td><td>10万元</td><td>15万元</td></tr>
<tr><td>2</td><td colspan="2">销售假冒注册商标的商品罪</td><td colspan="3">销售金额5万元</td><td colspan="3">销售金额25万元</td></tr>
<tr><td rowspan="2">3</td><td rowspan="2">非法制造、销售非法制造的注册商标标识罪</td><td>一种</td><td>3万元</td><td>5万元</td><td>20000件</td><td>15万元</td><td>25万元</td><td>100000件</td></tr>
<tr><td>两种</td><td>2万元</td><td>3万元</td><td>10000件</td><td>10万元</td><td>15万元</td><td>50000件</td></tr>
<tr><td rowspan="2">4</td><td rowspan="2">假冒专利罪</td><td>一种</td><td>10万元</td><td>20万元</td><td rowspan="2">权利人损失50万元</td><td rowspan="2" colspan="3">—</td></tr>
<tr><td>两种</td><td>5万元</td><td>10万元</td></tr>
<tr><td>5</td><td colspan="2">侵犯著作权罪</td><td>3万元</td><td>5万元</td><td>500张</td><td>15万元</td><td>25万元</td><td>2500张</td></tr>
<tr><td>6</td><td colspan="2">销售侵权复制品罪</td><td>10万元</td><td>—</td><td>未销售货值30万元（08年）</td><td colspan="3">—</td></tr>
<tr><td>7</td><td colspan="2">侵犯商业秘密罪</td><td colspan="3">权利人损失50万元以上</td><td colspan="3">权利人损失250万元以上</td></tr>
</table>

后　记

这本小书得以顺利出版，需要感谢吕静云编辑，若不是当初她在知乎主动和我联系，我也不会将这些文章汇集出书，并最终可以分享给更多的人。

在本书的出版过程中，吕静云编辑更是给了我很多中肯的建议，并承担了大部分校对和修改的工作。融冰知产律师团队的小伙伴许馨梅和任丹丹对于这本小书的初稿修订也付出了很多努力，在此，一并感谢。

从我2010年进入南京大学就读法律硕士专业以来，已经过去了10余个年头，从我2014年律师正式执业以来，也已经过去了7个年头。这一路得到了太多人的帮助。当年硕士毕业的时候，若不是刘丰师兄的引荐，以及蒋海军律师的那一通电话，我也不会踏上从事知识产权律师的道路，执业过程中更是得到了汪旭东律师的悉心指导，在此，一并感谢。

最后，感谢一直以来支持我、陪伴我的家人和朋友，是你们的爱在照耀我一路前行。

王晶

2021年11月于南京

图书在版编目(CIP)数据

律师成长之路：知识产权律师进阶手册 / 王晶著
.—北京：中国法制出版社，2021.12
ISBN 978-7-5216-2327-7

Ⅰ.①律…　Ⅱ.①王…　Ⅲ.①知识产权法－中国－手册　Ⅳ.①D923.405-62

中国版本图书馆CIP数据核字（2021）第246213号

策划编辑 / 责任编辑：吕静云（lvjingyun0328@sina.com）　封面设计：周黎明

律师成长之路：知识产权律师进阶手册

LÜSHI CHENGZHANG ZHI LU: ZHISHI CHANQUAN LÜSHI JINJIE SHOUCE

著者 / 王晶

经销 / 新华书店

印刷 / 三河市国英印务有限公司

开本 / 710毫米×1000毫米　16开　印张 / 15.5　字数 / 200千

版次 / 2021年12月第1版　2021年12月第1次印刷

中国法制出版社出版

书号 ISBN 978-7-5216-2327-7　定价：60.00元

北京市西城区西便门西里甲16号西便门办公区

邮政编码：100053　传真：010-63141852

网址：http://www.zgfzs.com　**编辑部电话：010-63141781**

市场营销部电话：010-63141612　**印务部电话：010-63141606**

（如有印装质量问题，请与本社印务部联系。）